AF462012

Le voyage du mandarin.

L'ABBÉ LUCIEN VIGNERON

PORTRAITS JAUNES

(CORÉENS, JAPONAIS, CHINOIS)

SCÈNES DE LA VIE CHINOISE

TOURS

ALFRED MAME ET FILS, ÉDITEURS

M DCCC XCVI

AVANT-PROPOS

Nous voudrions donner une idée plus complète de cette race jaune, si différente de la nôtre, et avec laquelle nous aurons désormais et sérieusement à compter si elle entre plus avant dans la voie de notre progrès et de notre civilisation. Nous voudrions la montrer à nos lecteurs telle qu'elle est et comme nous l'avons vue de nos yeux, pendant un assez long séjour là-bas, ou connue par les lettres de nos confrères; nous voudrions, maintenant que le colosse est ébranlé sur ses vieilles bases, avant que les formes anciennes soient altérées, avant que des changements notables surviennent, fixer l'empreinte de cet étrange passé, de cette société antique et vermoulue, qui a subsisté jusqu'ici on ne sait comment. Tel est notre but à nous. Nous allons photographier ces *Jaunes,* qui sont maintenant à l'ordre du jour, puisqu'on ne parle plus que de Coréens, de Japonais et de Chinois, sans trop les connaître.

Alors que personne n'en parlait, — il y a vingt-cinq ans, — le nom de Corée nous était pourtant familier, comme celui d'Annam et de Tonkin, qui était tout aussi inconnu de la foule. Ce n'est pas sans charme et sans mélancolie tout à la fois que nous nous rappelons l'heureuse époque, où tout vibrant d'ardeur enthousiaste, nous nous préparions nous-même à l'apostolat parmi les peuplades de l'Extrême-Asie. De temps à autre, pendant le cours paisible de nos études, il arrivait une nouvelle qui éclatait avec fracas sur notre tête et remuait puissamment notre cœur. Un jour ce qu'on nous apprit dépassait évidemment tout ce qu'on peut imaginer. Dans la presqu'île de Corée il y avait douze missionnaires français dont deux évêques : les Coréens venaient de massacrer les deux prélats et sept de leurs prêtres! Et cela s'était passé légalement, devant les tribunaux du pays, à la face du ciel et de la terre. On était en 1866.

O mes belles années de jeunesse! Comme nous illuminâmes ce jour-là! Comme nous chantâmes tous, d'une voix mâle et vibrante, ces belles strophes composées par un de nos vétérans et mises en musique par un maître renommé [1]!

O Dieu, de tes soldats la couronne et la gloire,
Dieu par qui nos martyrs ont gagné la victoire,
Daigne écouter nos vœux en ce jour solennel!
. . . .
Dans ces lointains pays prêchant ton Évangile,
Ils ont écrit ton nom d'un sang indélébile.
La terre a bu ce sang ; cette terre est à toi!
. . . .
Quel jour que celui-là pour le missionnaire,
Quand il peut faire enfin ses adieux à la terre,
Quand le bourreau lui crie : Allons! c'est aujourd'hui!
. . . .

Et tout bas nous nous disions :
« Et si moi aussi, on m'envoyait en Corée!... »

[1] Gounod.

PORTRAITS JAUNES

I

LES CORÉENS

J'avais un ami en Corée, un des trois survivants, prêtre doux et pieux, à l'âme simple et candide, qui cependant avait pendant sa fuite trouvé le moyen de dépister ses ennemis. N'avait-il pas imaginé de rouler autour de son corps, comme une ceinture, un cordon où s'enfilaient des sapèques, — ce qu'on appelle en Chine une ligature; il y en a mille ordinairement. — Toutes les cinq minutes il en laissait tomber une dizaine ; les satellites couraient après, — *auri sacra fames !* — et le missionnaire fut sauvé.

Mon ami m'écrivait :

« La Corée, reléguée au fond de l'Orient, est un pays pauvre, puisque l'exploitation de ses mines, qui pourrait lui donner la richesse, est défendue. La culture du riz, du tabac et de ce qui est strictement nécessaire pour l'usage de la vie, l'occupe seulement. La Corée n'a aucune communication avec l'étranger ; toutefois, ayant été autrefois soumise par la Chine, elle y envoie tous les ans une ambassade, pour payer le tribut et chercher le calendrier. Tout commerce est prohibé avec l'étranger, mais les marchands qui se joignent à l'ambassade rapportent les choses de première nécessité qu'on ne peut se procurer dans le pays, comme la soie et les aiguilles ; encore en rentrant sont-ils rigoureusement fouillés. Voilà donc une contrée fermée, où il existe même une loi qui ordonne de mettre à mort tout étranger qui pénétrera sur son territoire. »

On sait que la surface du sol y est toute hérissée de hautes montagnes couvertes de sapins. Pas de routes, mais des petits sentiers qui tournent et serpentent dans les montagnes. Pas de voitures, mais tout est porté à dos d'hommes ou par les bœufs. Près de Séoul, comme près de Pékin, on pourra peut-être rencontrer quelques énormes chars à deux roues, servant à transporter les plus lourds fardeaux.

Qu'est-ce que le Coréen ? — D'après ce qui précède on pourrait conclure que c'est un homme rude et grossier, puisqu'il vit sans contact avec les peuples civilisés. Eh bien, non. Le Coréen en général est docile et obéissant devant l'autorité ; il est hospitalier et a l'esprit droit : ce qui l'amène facilement à comprendre et à reconnaître la vérité de la religion chrétienne. Lorsqu'il l'a embrassée, il aspire à la propager ; il a un cœur qui sait aimer, et il s'attache aux missionnaires, qu'il regarde comme les vrais pères de son âme.

D'un autre côté, il est prodigue ; quand il possède quelque chose, il donne sans mesure, au hasard de s'appauvrir. Quand il a reçu une offense il pardonne difficilement. Il est très avide de dignités.

Sa religion se résume presque tout entière dans le culte des ancêtres et dans le bouddhisme. Cependant il est loin d'être aussi superstitieux que le Chinois ; en général il ajoute peu de foi à ces offrandes de riz et de vin sur le tombeau des ancêtres; mais c'est la religion du roi et des grands, on doit se conformer à ses prescriptions ; il faut donc faire des sacrifices.

Les obstacles à la propagation de l'Évangile sont d'abord la prohibition légale : la loi punit de mort ceux qui suivent la religion chrétienne ; en second lieu, le culte des ancêtres. Les chrétiens coréens n'ont pas pu jusqu'ici rendre à leurs proches les derniers devoirs d'une façon publique et solennelle, et les païens en ont conclu qu'ils n'honoraient point leurs parents après leur mort et les oubliaient aussitôt ; ils les traitent donc d'ingrats et d'hommes à qui le sentiment filial fait défaut : ce qui est un très grand déshonneur aux yeux de tous, puisqu'on met son point d'honneur à faire beaucoup de dépenses pour célébrer la mémoire des défunts.

D'autres obstacles se rencontrent dans l'impossibilité où le chrétien est de parvenir à aucune dignité, dans la crainte des persécutions, la perte de ses biens et de sa vie [1].

Cette question de religion nous amène à dire un mot de la façon dont le missionnaire administre les chrétientés en Corée. Son district peut renfermer une soixantaine de villages disséminés sur une étendue de vingt-cinq lieues. La visite de ces localités se fait pendant l'hiver et le printemps, alors que les paysans ne sont pas trop occupés aux travaux des champs. On prend le bâton de voyage vers le commencement de novembre, pour le déposer vers le mois de mai. On serre dans un panier les ornements de messe, la boîte aux sacrements, quelques vêtements, et on part accompagné d'un domestique et d'un chrétien du village où l'on se rend ; un autre porte le panier.

Quand on arrive à l'endroit désigné on n'a pour oratoire qu'une bien modeste chambre, il est vrai, mais que les chrétiens ont tapissée partout avec du papier blanc et propre, avant l'arrivée du Père ; comme autel on se sert d'une simple planche fixée au mur. On reçoit la visite de tous les chrétiens réunis et aussitôt commence l'examen sur la lettre du catéchisme ; presque tous répondent, depuis l'enfant de douze ans jusqu'au vieillard qui en a soixante. Après on fait une courte instruction et on entend les confessions. La messe se célèbre le lendemain de bon matin. On emploie ainsi trois ou quatre jours dans un endroit, selon le nombre des chrétiens, puis on se remet en route pour un autre village. Nous passons sous silence naturellement une grande partie de la besogne, comme la visite des malades éloignés ou la préparation des païens adultes qui demandent le baptême ; on conçoit combien il y a à faire, quand on sait que le missionnaire ne peut voir les chrétiens d'une même localité qu'une fois par an. Voilà le champ de l'apôtre, voilà sa culture et

[1] Lettres du P. C***, missionnaire en Corée.

sa moisson ; il se livre à ces travaux, laboure et récolte au moment des pluies, des glaces et des neiges[1].

Voyageant pendant plus de la moitié de l'année, quelquefois côte à côte avec les païens, passant et repassant dans leurs villes et leurs villages, s'asseyant en face d'eux dans les auberges, comment le missionnaire parvenait-il à échapper à ses ennemis?

Ici nous allons raconter des traits de mœurs curieux et qui appartiennent uniquement à ces pays singuliers. Le prêtre européen se tirait d'affaire avec deux moyens.

Le premier consistait à revêtir un costume de deuil. Ce costume lui rendait le plus grand service, car le Coréen en deuil, devant être tout absorbé dans sa tristesse, a la tête, la figure et les épaules emboîtées sous un énorme chapeau, qui le masque parfaitement aux yeux des passants ; bien plus, lorsqu'il rencontre quelqu'un, il se cache encore la figure avec un morceau de toile attaché à deux bâtons qu'il tient à la main.

L'habit de dessus se compose d'une longue et ample redingote, qui descend jusqu'aux pieds, avec des manches extrêmement larges, puis d'une longue ceinture, le tout est de toile grise ; plus le tissu est grossier, mieux cela vaut, car si la toile était de belle qualité, on s'exposerait à être hué dans la rue, parce qu'il semblerait que l'on cherche à bannir la tristesse du deuil à l'extérieur comme à l'intérieur. Les gens en deuil ne chantent point, ne jouent point, ne touchent point aux armes et ne se marient point.

Cela faisait singulièrement le jeu des missionnaires qui cherchaient à se dissimuler dans la foule ; mais c'était un assujettissement pénible, surtout à cause du chapeau si encombrant ; aussi ceux qui possédaient un type de figure se rapprochant plus ou moins du type coréen portaient simplement le costume ordinaire dont nous allons donner la description :

Un petit et élégant chapeau noir qui n'entre pas dans la tête, mais se pose seulement sur les cheveux relevés et noués au sommet ; tout le monde en Corée garde les cheveux longs,

[1] Lettres du P. C***, missionnaire en Corée.

Les autorités de Chemulpo, aux environs de Séoul.

les hommes comme les femmes, et il n'y a que les bonzes qui se rasent la tête. Un grand habit blanc, qui descend au-dessous des genoux et qui est ouvert sur les côtés, portant deux bandes superposées descendant devant et une derrière, avec les manches très larges ; un pantalon blanc très ample, des guêtres de toile blanche qui se serrent au-dessus des genoux ; des bas blancs en toile, enfin des souliers de paille, de chanvre ou de papier: — le papier coréen est très fort ; roulé sur ficelle, il rend le même service que les cordes de chanvre.

Le second moyen, à l'aide duquel on pouvait conserver l'incognito devant les Coréens, c'était l'anoblissement. Pour cela il n'était nullement besoin de titre. En Corée une foule de gens de la bourgeoisie se donnent le ton et les airs de la noblesse et passent pour nobles ; le missionnaire, en s'efforçant de suivre les règles de la gravité dans son extérieur et sa démarche, pouvait passer pour un noble. Cela était pour lui d'une importance considérable, car la noblesse, en Corée, jouit d'un grand ascendant, et il pouvait de la sorte se mettre à l'abri des questions importunes des passants, la plupart gens du commun, qui n'oseraient jamais s'adresser à un noble comme à un de leurs pareils et gardent même en sa présence une grande retenue.

Lecteurs, vous venez de prendre une silhouette de Coréen en même temps que vous avez appris quelque chose de la vie apostolique ; or ni cette vie ni ces portraits ne diffèrent sensiblement de ceux que nous pourrions trouver dans la Chine proprement dite. Il n'y a ici qu'un peu plus de liberté pour l'Européen et peut-être moins de simplicité chez les Chinois.

Les choses ont changé en Corée depuis quelque dix ans. Ce pays n'a pas subi le contact et le voisinage de la Russie impunément. Cette puissance lui a imposé un ministre en résidence à Séoul, les autres puissances ont envoyé des consuls, et puis les Japonais sont venus...

Le temps n'est plus où le missionnaire était obligé de se cacher pendant des mois au fond d'une misérable barque, croisant au large, au milieu des froides brumes d'hiver, pour tromper la surveillance active des féroces douaniers. Le temps n'est plus où l'on saisissait brutalement deux évêques et presque tous leurs prêtres pour leur trancher la tête après leur avoir fait subir l'épouvantable supplice de la fracture des os. Le temps n'est plus où on laissait nos marins vengeurs venir s'installer dans une pagode, puis où on les fusillait traîtreusement par des ouvertures dissimulées dans la muraille creuse. La Corée solitaire et farouche, séparée violemment de sa suzeraine, la Chine, un peu moins sauvage, n'est plus, pour ainsi dire, qu'une quantité négligeable. Mais elle aussi a et conservera d'impérissables souvenirs parmi lesquels les plus grands sont ceux qui s'auréolent de la gloire du martyre chrétien, car ses enfants sont tombés au champ d'honneur à côté des pères de son âme, venus d'Europe, venus de France. Nous nous rappellerons toujours qu'abordant aux rivages du Céleste-Empire, nous fûmes accueilli par l'évêque de Corée [1], un des survivants, lui aussi, de l'affreux massacre, et qu'il nous dit un soir :

« Demain, celui qui vous servira la messe est un Coréen exilé comme moi ; comme moi il a vu les *grands jours ;* comme moi, il a été témoin de Jésus-Christ ; il est fils et frère de ceux qui sont morts en versant leur sang ! »

Ah ! comme j'eusse compris que cet homme, ce servant de messe au rude visage mongol, que j'abordais le lendemain, franchît les degrés de l'autel, s'approchât plus près et prît ma place de prêtre près du tabernacle !

II

LES JAPONAIS

J'ai dit : « les Japonais sont venus »... et ils ont tout changé en Corée. On n'attend pas de moi une description du Japon ; je ne parlerai des Japonais que pour les portraicturer au moral ; bien qu'ayant adopté presque tout de nous, ils sont

[1] Mgr Ridel.

de race jaune et en ont certes conservé le caractère, que je définirai par quelques traits.

Donc il ne s'agit plus de laques, d'ivoires et de porcelaines.

Paysage japonais.

Ces panneaux, revêtus de paysages bizarres se détachant sur fond d'or mat, ces broderies de Kioto, ces bronzes à cire perdue, ces céramiques, ces *kakemono,* ces aquarelles, ces gouaches, ces dessins compliqués, ces incrustations précieuses, ces éventails, ces *netskés,* ces *foukousas,* ces émaux, ces statuettes, ces boîtes, ces carrés de soie, ces étagères à tablettes et à tiroirs, qui rappellent l'architecture des temples de Kioto, ces sabres, avec lesquels les Samouraï s'ouvraient le ventre, ces masques grimaçants, ces services d'Imali, plus minces que les Sèvres, où les lis, les bégonias et les rosiers s'entrelacent sur des surfaces laiteuses et diaphanes, ces robes à ramages et ces ceintures à nœuds énormes et bouffants, ces *kansashi*, ces épingles à cheveux fantastiques: tout cela existe encore, il est vrai, mais est connu, archiconnu et peut être fourni à l'instant par les Bing ou les Cernuschi, qui accumulent les dépouilles et les trésors de l'Extrême-Orient.

Quant aux Japonais, leur type nous est familier : une taille exiguë, une pâleur jaune, une figure imberbe, des pommettes saillantes, un nez petit, des yeux entr'ouverts et tirés aux coins. Où est le temps des splendides costumes de cour, des habits de soie empesés, à forme de ballons, des chignons épais aux cheveux tirés et aplatis sur le devant, des attirails guerriers et des doubles sabres, insigne de noblesse ? Tout à l'européenne ! les jaunes en redingote et en chapeau de soie sont du meilleur monde et d'une politesse exquise ; les officiers de terre et de mer ne diffèrent en rien de leurs collègues de France ou d'Allemagne, si ce n'est peut-être par leur extrême réserve, leurs manières froides et compassées, leur voix lente, douce et un peu traînante.

Ces jaunes ont une école centrale, une école de droit, une école militaire, une école de médecine. Je me souviens de mon ahurissement, quand en 1876, — il y a longtemps comme on le voit, — un de mes amis, aujourd'hui officier supérieur et chargé de la défense cuirassée de nos forteresses, se présenta devant moi en me disant :

« Je viens vous faire mes adieux, je pars...

— Et où cela?

— Loin, très loin, au Japon.

— Mais en quelle qualité, s'il vous plaît? »

Il était lieutenant du génie.

« Je suis détaché par le ministère de la guerre et nommé professeur de géodésie à l'École militaire de Tokio. »

Professeur de géodésie au Japon ! Cela supposait que les Japonais étudiaient les sciences exactes, et c'était la vérité. On leur a concédé ce goût-là, mais on les a défiés de prendre le goût des lettres, l'intelligence de l'histoire, le sentiment du beau, tout ce qui est notre apanage à nous autres. Allons donc ! ce serait mal les connaître, car ils ont la plus belle histoire nationale, d'immenses bibliothèques et des monuments religieux qui contiennent des merveilles d'art[1].

Malgré tout ils sont restés des civilisés à part, parce qu'ils ont une tête organisée autrement que la nôtre. On va en avoir la preuve.

La méthode d'évangélisation du Japon ne ressemble pas à celle qu'on emploie en Corée. Quand les édits étaient toujours affichés, — il n'y a pas longtemps encore, — et en voie d'exécution pour empêcher les conversions, il était impossible aux missionnaires de prêcher comme ils le désiraient. Ils se disaient pourtant que si, pendant cette période d'impuissance forcée, l'on pouvait préparer l'avenir et se ménager des auxiliaires pour le jour de la liberté, on n'aurait pas perdu son temps. Guidés par cette sage prévoyance, ils ont pensé à préparer des catéchistes, et ils s'y sont surtout essayés à Tokio, — la capitale, — où la population nombreuse et mêlée pouvait offrir des ressources à cet égard.

Il y avait, en effet, à la capitale, nombre de jeunes gens venus pour y faire leurs études ou apprendre une profession quelconque.

Quand, une fois, les missionnaires ont été un peu connus, comme professeurs de français, les vocations ont commencé, et ils ont fait un choix de jeunes gens de bonne famille qui offraient comme capacité et dispositions ce que demandait la dignité de catéchiste. Ces jeunes gens ne pouvant étudier facilement au dehors en bien des circonstances, les missionnaires les ont mis à l'abri de toute gêne et de toute indiscrétion, en les recevant chez eux, et le catéchuménat a ainsi commencé à se recruter.

Les catéchumènes se livraient exclusivement à l'étude de la religion ; on leur donnait pour cela les livres imprimés par la lithographie de Yokohama, puis quand ils étaient en bonne voie, on leur faisait étudier les livres chinois, qui traitent de la religion et sont fort bien faits ; chaque jour ils assistaient à des catéchismes et à des instructions. Ceux qui

[1] Voir *Japonneries d'automne*, par P. Loti, etc. etc.

étaient baptisés commençaient à instruire les plus jeunes et les plus nouveaux.

Pendant ce temps d'autres Japonais vieux et jeunes demandaient à apprendre la religion ; plusieurs anciens élèves venaient au moins une fois par semaine ; on voyait des vieillards à cheveux blancs n'ayant rien compris aux bibles protestantes qui s'adressaient à la mission catholique pour avoir une solution claire et définitive de leurs difficultés. Les jeunes gens, eux, étaient obligés d'apprendre la lettre du catéchisme intégralement, sans quoi les idées païennes eussent pu quelquefois déteindre sur la doctrine, — *la noble doctrine,* comme on dit là-bas : *On ochiyé,* — et une fois lancé dans l'à peu près où irait-on ?

Il faudrait voir au Japon les catéchumènes de dix-huit à vingt-deux ans, à genoux sur les nattes blanches, en demi-cercle et se faisant le *mon-do* (demandes et réponses) ! Ce qu'il y a de plus frappant dans le style religieux, c'est l'emploi surabondant des termes honorifiques, quand on parle de Dieu et des choses saintes, et le langage si plein d'humilité dans les rapports de l'homme avec la religion.

En parlant de l'institution de la sainte Eucharistie, par exemple, on dirait en français :

« Quand Jésus-Christ institua-t-il ce sacrement? »

Le catéchisme japonais demande :

« Quand notre noble Seigneur, Son Excellence Jésus-Christ, daigna-t-il donner à ses inférieurs, en l'établissant, la sainte Eucharistie ? »

Et l'on répond :

« La veille du jour où il daigna accomplir le *go-chi-kyo* (son noble trépas). »

Ce mot de *noble trépas* ne s'emploie qu'en parlant du mikado ou de l'empereur.

Il y a de même une foule de termes honorables et réservés qui donnent au langage un cachet spécial et incisif, à côté duquel les langues européennes sont d'un sans-gêne inouï dont le contraste est saisissant.

Nous avons parlé tout à l'heure des dangers de l'à peu près ; une anecdote assez caractéristique, arrivée à un jeune missionnaire, les montrera mieux encore.

Une dame japonaise.

Le Japonais n'affirme rien et répond toujours d'une manière conditionnelle ou dubitative. Les mots les plus répétés sont ceux qui traduisent le *fortè, fortasse, forsitan* de Lhomond. Demandez, par exemple, à un servant de messe s'il y a encore de la cire, des hosties pour la communion, etc., il vient d'arranger tout et pourrait vous répondre *affirmativement;* dix fois pour une il vous dira invariablement :

« Il y en aura sans doute. ! *Okata-go-z-arimachôo !* »

Dans le principe, les étrangers ou les missionnaires ne sont pas faits à ce langage timoré, et ils insistent pour avoir un oui ou un non. Si c'est *oui,* ce sera toujours *peut-être,* et on finit par interroger au futur pour la chose du monde la plus actuelle.

Ceci posé, on n'a pas idée de l'attention qu'il faut donner à l'explication de la doctrine et de la réforme à faire subir à l'usage, quand on traite des articles de foi. Demandez, je suppose :

« La deuxième personne de la Trinité, le Fils, est-il Dieu ? »

On vous répondra :

« Ça peut bien être ainsi.

— Le Saint-Esprit est-il aussi grand que le Père et le Fils?

— C'est probable que la chose sera ainsi ! » etc., etc.

Telles sont les réponses que vous obtiendrez infailliblement. Ah ! si Renan avait connu ce genre japonais, il eût encore moins étudié l'hébreu, et il eût composé ses fameux livres en style de l'Empire du Nippon !

Un jour donc qu'un missionnaire de vingt-sept ans faisait le catéchisme à un vieillard des environs de Nagasaky, il écartait tout *okata* et autre forme semblable, afin d'affirmer nettement et carrément les dogmes immuables de notre religion. Le vieux, japonais renforcé et par conséquent poli, ne dit d'abord rien ; mais quand le Père voulut lui faire rendre compte de sa foi et faire disparaître le malencontreux *futur contingent:* « C'est probable... sans doute en sera-t-il ainsi... » il s'attira cette première réponse :

« Son Excellence le Père est sans doute très savant; cependant, depuis hier, je m'étonne de son langage téméraire et je le trouve encore *bien jeune* pour *affirmer* de la sorte. »

Je vous laisse à penser l'ébahissement du pauvre missionnaire, qui de fait n'avait à cette époque qu'une moustache d'adolescent, et les précautions oratoires qu'il dut employer pour ne pas effaroucher davantage son élève, tout en ne cédant pas un pouce de terrain [1].

Voilà les bizarreries de cette langue jaune ; il y en a bien d'autres. Celles des accents de province, par exemple, les *namari,* qui vous gâtent l'oreille d'une manière incroyable. Ainsi le même son se prononce *Chenn* à Nagasaki, *Henn* au centre, *Senn* à Tokio. Ceci n'est rien encore, mais quand on arrive à transformer les mots d'une manière fondamentale, c'est à dérouter complètement : le mot *yourouchi,* « permission, absolution », se prononce dans la banlieue de la capitale *dzeu-rou-dzeu* ou *dzeu-rou-dzy ;* le son *tchi* devient *tse* ou n'importe quoi qui vous démonte au premier chef.

Passe pour les bizarreries de langue, qu'on rencontre un peu partout ; mais les Japonais ont des bizarreries de caractère [2] qui s'appelleraient *chinoiseries* sur le continent, et c'est cela qu'il leur faut modifier s'ils désirent vraiment entrer dans la grande et large voie de la civilisation ; ce qu'ils ont commencé à faire d'ailleurs.

Ainsi on arrêtera un chrétien ; après examen, le juge d'instruction ne le trouvera pas coupable et on le relâchera, mais après lui avoir administré soixante-dix coups de bâton !

Ainsi des Européens désirent louer une maison. On trouve bien des maisons à vendre, mais les traités ne permettent point aux étrangers d'acheter d'un Japonais un fonds de terre quelconque, et d'ailleurs les résidences sont à des prix impossibles.

On cherche, on visite, et on finit par s'arrêter à une petite pagode avec ses dépendances. — Qu'on ne s'étonne pas : aujourd'hui le gouvernement conseille à beaucoup de bonzes de retourner dans le monde, *ad sæcularia vota,* et les temples qui ne sont point dédiés aux *Kamis* (ancêtres divins du mikado) ne comptent que pour peu de chose.

L'affaire est à peu près arrangée avec l'*ocho-san* (le chef de la boutique) ; il doit déménager ses statues et ses *pous-*

[1] Lettres de Mgr Midon, évêque d'Osaka.

[2] C'était au moins ce qui existait il y a peu d'années; mais au Japon les événements vont vite et les changements de même.

sahs dans très peu de temps ; le bonze même est pressant, pressé qu'il est de toucher ses piastres. Alors les Européens font demander par leur ministre à eux l'autorisation de s'établir en dehors des limites ordinaires, pour fonder une école, — il n'est nullement question de religion ici, — on répond :

« Comment donc ! mais très volontiers ; que ces Messieurs indiquent seulement l'endroit qu'ils veulent louer, et nous délivrons l'autorisation. »

Rien de mieux, mais pendant que le *gouai-mou-cho* (affaires étrangères), donnait de l'eau bénite de cour, il donnait aussi le mot à son collègue des cultes, le *kiyo-bou-cho,* puisqu'il s'agissait d'une pagode à louer, et aux cultes on enjoignait au bonze d'avoir à rester chez lui. Du jour au lendemain l'*ocho-san* était devenu méconnaissable ; il avait peur.

Adressez-vous alors au ministre des cultes pour lui dire qu'en fin de compte telle ou telle pagode s'est bien transformée en école, il vous dira :

« Mais, cher monsieur, moi je ne demande pas mieux ; seulement c'est le *gouai-mou-cho* qui doit vous donner le permis de résidence. »

Allez aux affaires étrangères :

« Votre autorisation ? Rien de si simple : tenez ! le parchemin est là tout prêt ; un mot du *kiyo-bou-cho* et nous signons. »

Pendant ce temps un autre loue la pagode. Japonneries administratives !

Malgré des obstacles pareils, le christianisme s'implante de nouveau sur cette terre où il a fleuri autrefois et où il y a tant de vieux souvenirs.

En l'année 1605 on y comptait dix-huit cent mille chrétiens ; l'évêque Serqueyra, en faisant sa visite pastorale, trouva dans un canton éloigné un vieillard qui l'aborda avec une joie inconcevable et lui dit :

« Mon père, étant au lit de la mort, m'appela, et m'ayant donné sa bénédiction, me montra un chapelet avec un petit vase où il y avait de l'eau bénite, en me disant que je gardasse bien l'un et l'autre comme la plus précieuse portion de l'héritage qu'il me laissait. Il ajouta qu'il les tenait d'un saint homme qu'on nommait le père François [1], lequel étant venu d'un pays fort éloigné, pour apprendre aux Japonais le chemin du ciel, avait logé chez lui, l'avait baptisé et lui avait laissé ce chapelet et cette eau, comme un remède souverain contre toutes les maladies. Et j'ai vu peu de malades, dit encore ce vieillard, que je n'aie guéris en leur appliquant mon chapelet et en versant sur eux un peu d'eau bénite [2]. »

Mgr Petitjean racontait qu'il avait vu venir un jour à lui à Yokohama des hommes habitant des îles les plus reculées. S'adressant à lui :

« Croyez-vous, lui dirent-ils, en la Vierge qui a eu un Fils qui était Dieu ?

— Oui.

— Eh bien, nos pères y croyaient, nous aussi, et nous vous cherchions.

Mgr Midon nous a raconté à nous-même qu'il avait reçu plusieurs jeunes gens d'une province éloignée que lui envoyait un officier païen de ses amis ; les jeunes gens lui apportèrent entre autres objets un portrait de pape, coiffé de la grande calotte rouge bordée d'hermine, appelée *clémentine* et dont se coiffaient jadis fréquemment les souverains pontifes.

O Japon, pays généreux et bon, pays aussi des martyrs, île des saints, terre des miracles, je ne puis pas penser que Dieu n'ait des desseins particuliers sur toi ! Tes enfants, tués dans la pourpre sanglante, prient pour leur patrie, et ceux qui sont morts en croix, au sommet de la colline de Nagasaki et ont prêché au peuple, les bras étendus sur le bois du supplice, ceux qui chantaient le cantique de Zacharie, les enfants qui criaient : *Laudate, pueri, Dominum,* t'attirent invinciblement, t'attirent comme le Christ crucifié a attiré à lui le monde [3] !

[1] Saint François Xavier.

[2] Rohrbacher, *Histoire universelle de l'Église,* d'après Charlevoix ; *Histoire du Japon.*

[3] C'est pourtant sur la même colline que M. Loti a osé placer les épisodes principaux de son livre *Madame Chrysanthème.* Il n'a *pas senti* la grandeur de ces lieux ; il n'y a rencontré que de petites gens.

III

LES CHINOIS

Les Japonais, passant par la Corée, ont maintenant en face d'eux les Chinois. Qu'est-ce que les Chinois?

C'est le peuple roi, la nation mère. Je n'en donnerai qu'une raison : la langue, la langue écrite. On l'a déjà vu par ces notes : si un Japonais veut étudier les livres de religion ou tout autre livre, il prend un volume écrit en caractères chinois, qu'il prononce autrement, il est vrai, mais qu'il comprend; de même un Coréen, de même un Thibétain, un Mandchou, un Annamite. Par sa langue écrite, par ses caractères, par ses livres, le Chinois règne incontestablement sur l'Extrême-Orient, c'est-à-dire sur la plus grande partie de l'Asie, comme aussi son type s'y retrouve partout.

Et si l'histoire des autres peuples est ancienne, si elle est pleine de faits, l'histoire de la Chine se perd dans la nuit des temps et touche aux époques patriarcales et au déluge. Oui, la Chine est la nation mère, *caput et mater*.

Présentement, on peut dire que ce pays est une vaste agglomération, qui se chiffre par centaines de millions d'hommes, — quatre cent cinquante millions, — lesquels se divisent en deux classes : laboureurs et commerçants. Parcourez cette immense étendue de territoire, qui comprend environ cinq cents ou cinq cent cinquante lieues du nord au sud ou de l'est à l'ouest; suivez les rivages de ces deux fleuves gigantesques et presque parallèles, le *Yang-tse-Kiang,* fleuve *fils de la mer,* qui a sept lieues à son embouchure, et le *Hoang-ho* ou fleuve Jaune; vous trouvez partout des campagnes cultivées, des rizières s'étageant jusqu'au sommet des collines, des barques montées par des centaines de matelots encombrant les rivières et les moindres *arroyos.* Au bord de l'eau, une population grouillante, affairée, travailleuse, qui donne l'impression d'une énorme fourmilière, dont on n'aperçoit pas les limites; et dans les villes fort rapprochées, où les habitants se comptent par centaines de mille, même spectacle, même mouvement, même labeur incessant, même lutte pour l'existence, *struggle for life.*

De sorte que l'étranger, le missionnaire, qui à première vue a haussé les épaules et souri, saisi qu'il était par certains côtés enfantins et tels procédés primitifs, qu'il n'est guère accoutumé à voir dans son pays natal, se sent pris d'un puissant intérêt mélangé d'un involontaire respect pour ce qu'il voit : l'effort de tout un peuple, le travail universel; et il se dit encore que ce peuple serait le premier du monde s'il était bien dirigé, et même qu'il deviendrait alors gênant, alarmant, redoutable.

C'est qu'en vérité il est mal dirigé. Pliant le dos devant le despotisme et les exactions de ses mandarins, il laisse faire et marche au jour le jour sans souci du lendemain, vivant la plupart du temps dans une profonde indifférence religieuse et politique.

Quelle est la raison de cette indifférence?

C'est, je crois, d'abord son éloignement de tout, qui l'empêche d'établir des points de comparaison. Privés de voies de communications rapides, il y a des millions de Chinois, de l'ouest au nord, qui ne connaissent que de nom l'Europe et ses inventions merveilleuses. De plus, un des traits distinctifs du caractère chinois, c'est une vénération profonde et en quelque sorte religieuse pour les choses anciennes et les vieilles institutions.

Garder le passé intact, ne pas s'écarter des rites établis par les ancêtres est la grande préoccupation du Chinois, qui, puissant par le nombre, s'il a été vaincu parfois, a su absorber en lui la race conquérante et lui imposer sa civilisation, ses mœurs et sa langue. Dans ces conditions, comment ce peuple accepterait-il un bouleversement aussi complet que celui qu'amènerait l'établissement d'un réseau ferré? Renverser ses pagodes, ses tombeaux et les arcs de triomphe élevés à la mémoire des veuves restées fidèles à leurs maris défunts, quelle chose inouïe! Détruire les *fong chouy,* les génies du Vent et de l'Eau, quel crime abominable!

Nous sommes emportés par une poussée gigantesque qui s'appelle le Progrès, et nous avons quelque peine à nous figurer que tout le monde ne nous ressemble pas. Il y a vieux monde et vieux monde. La locomotive sillonne maintenant la vallée du Nil et les déserts où se dressent les pyramides; on entend ses sifflements dans les montagnes de Judée, et les rubans de fer courent le long du Gange sacré. Cela pourtant c'est le vieux monde. Or il y en a un autre, qui s'est toujours montré réfractaire à nos modernes inventions; à peine a-t-il accepté le télégraphe. Il n'a pas voulu des chemins de fer, et c'est là peut-être le fait le plus extraordinaire qu'on puisse constater. Un seul pays, grand, immense, avec une population de cinq cents millions d'habitants, a dit son *veto* devant le progrès, mais il ne l'a pas fait impunément; il meurt de l'avoir osé.

On verra donc longtemps encore la Chine réfractaire à toute impulsion directe venue d'Europe, et s'il y a une infiltration des idées européennes, vulgarisées dans les ports libres et les *concessions* et apportées quelquefois au cœur de l'empire, si la Chine commence à s'assimiler à nous et à comprendre, ah! prenons garde! Ce peuple, qui a besoin de débouchés, qui se répand en colonies très denses, en Cochinchine, à Siam, à Singapour, en Australie, à San-Francisco, est dans le cas de profiter le premier et largement du nouveau chemin de fer transsibérien, pour venir nous visiter en bataillons serrés et camper sous nos murailles étonnées à leur tour.

Qui sait? Malgré l'immobilité de ses idées, cette Chine a toujours été la terre classique des révolutions, et ses annales, comme le dit le P. Huc[1], ne sont que le récit d'une longue suite de commotions populaires et de bouleversements politiques. Dans une période de douze cent vingt-quatre ans, depuis l'an 424, date de l'entrée des Francs dans les Gaules, jusqu'en 1644, où Louis XIV monta sur le trône de France et où les Tartares sont arrivés

[1] *L'Empire chinois.*

à Pékin, la Chine a eu quinze changements de dynasties et quinze effroyables guerres civiles.

Au milieu de ce peuple sceptique et cupide, il existe un germe puissant et vivace que le gouvernement n'a jamais pu extirper : il est dans l'empire des sociétés secrètes dont les affiliés voient avec impatience la domination mandchoue et nourrissent le projet d'un renversement de dynastie, pour arriver à un gouvernement national, c'est-à-dire vraiment chinois[1].

Ces mécontents sont prêts pour la lutte et déterminés à appuyer toute révolte, de quelque part qu'en vienne le signal, même s'il vient de l'étranger, et je m'imagine que la défaite de Pin-Yang, comme le désastre naval qui l'a suivie, pourront avoir un grand retentissement en Chine. Nous allons bien voir si les efforts combinés du vice-roi Ly-Hung-Chang et du prince Kong parviendront à arrêter la marche triomphale du maréchal japonais Yamagata, sinon la dynastie tartare a probablement vécu[2].

L'infériorité des Chinois dans la guerre actuelle ne nous surprend nullement; s'ils peuvent, à un moment donné, être des révoltés et des conspirateurs, ils ne sont pas soldats. Sans doute, dans les villes importantes de chaque province, on voit une garnison de soldats mandchous, commandés par un grand mandarin militaire de cette nation *kiang-kiun;* sans doute l'almanach officiel donne pour l'armée un total de un million et deux cent ou trois cent mille hommes, avec trente à trente-cinq mille marins; pourtant j'ai parcouru le Céleste-Empire sans voir presque aucun spectacle militaire. Il y a les fameux trente mille braves du Pé-tché-ly, la cavalerie tartare et l'artillerie de la garde, la flotte cuirassée. Où sont-ils tous maintenant?

Quant au reste, à la tourbe des milices, je ne puis m'empêcher de penser à ce que nous en raconte le P. Huc, dans un désopilant chapitre de son inimitable livre[3]. Il décrit une revue à laquelle il assista, et dont ses deux domestiques faisaient partie active.

[1] *L'Empire chinois*. Voir aussi *Associations de la Chine,* par le P. Leboucq.
[2] Ceci était écrit pendant la guerre sino-japonaise.
[3] *L'Empire chinois.*

« Le jour fixé étant venu, dit-il, nos deux vétérans déjeunèrent solidement et vidèrent un large vase de vin chaud pour se donner force et courage ; après quoi ils endossèrent une tunique noire à bordures rouges, qui portait par devant et par derrière un écusson en toile blanche, sur lequel était dessiné en grand le caractère *ping,* qui veut dire soldat. La précaution n'était pas inutile, car notre catéchiste, avec sa petite figure blême, son corps fluet et rétréci et ses yeux larmoyants, toujours modestement baissés, n'avait certainement pas la tournure bien guerrière... »

Nous arrivons à la revue proprement dite :

« Les guerriers étaient accoutrés de toutes les façons... Leurs armes, qui se dispensaient de reluire aux rayons du soleil, étaient d'une grande variété ; il y avait des fusils, des arcs, des piques, des sabres, des tridents et des scies au bout d'un long manche, des boucliers en rotin et des coulevrines en fer, ayant pour affût les épaules de deux individus.

« Au milieu de cette bigarrure nous remarquâmes pourtant une certaine uniformité : tout le monde avait une pipe et un éventail ; le parapluie n'était pas sans doute de tenue, car ceux qui en portaient un sous le bras étaient en minorité. A une des extrémités du camp, on avait élevé sur une éminence une estrade en planches, abritée par un immense parasol rouge et ornée de drapeaux et de quelques grosses lanternes dont on n'avait nul besoin pour y voir, attendu que le soleil était tout resplendissant ; elles avaient peut-être un sens allégorique et signifiaient probablement que les miliciens étaient en présence de juges éclairés. A un angle était un domestique tenant à la main une mèche fumante, non pas pour mettre le feu aux canons, mais pour allumer les pipes.

« Le moment de commencer étant arrivé, on fit partir une petite coulevrine, pendant que les juges sur l'estrade se protégeaient les oreilles avec les deux mains pour ne pas être assourdis par cette effroyable détonation. Les tam-tam résonnèrent avec furie, les soldats coururent pêle-mêle, et la mêlée, chose à laquelle on réussit le mieux, ne se fit pas attendre. Il est impossible d'imaginer rien de plus comique que les évolutions des soldats chinois ; ils avancent, reculent, sautent, pirouettent, font des gambades, s'accroupissent derrière leur bouclier, se relèvent tout à coup, distribuent des coups à droite et à gauche, et se sauvent à toutes jambes en criant : Victoire! Victoire!

« Après cette grande bataille, on fit manœuvrer des compagnies d'élite, dont l'habileté consiste à faire des cabrioles ou à se tenir longtemps en équilibre sur une jambe, à la façon des pénitents hindous. Le tir des petites coulevrines fut ce qu'il y eut de plus divertissant. On ne saurait s'imaginer rien de plus pittoresque que la figure de ces malheureux, quand on mettait le feu à la machine portée solennellement sur leurs épaules; ils tenaient à montrer de la sérénité et de la grandeur d'âme; mais la position était si critique et les muscles de leurs faces prenaient des formes tellement inusitées, qu'il en résultait des grimaces étonnantes. Le gouvernement impérial, dans sa paternelle sollicitude à l'égard de ces infortunés porte-coulevrines, a prescrit qu'on leur tamponnerait soigneusement les oreilles avec du coton... Nous retournâmes après à notre résidence, où nous vîmes bientôt revenir nos deux héros, couverts de poussière, de gloire et de sueur... »

Le missionnaire cependant ne pense pas que les Chinois soient radicalement incapables de faire de bons soldats. Ils sont susceptibles de dévouement et de courage; parfois on les a vus soutenir des sièges qui rappelaient la défense de Saragosse, et, comme les Russes à Moscou, ravager leurs villages et leurs cités, et faire autour d'eux un immense désert pour affamer l'ennemi. Les Chinois, en effet, sont intelligents, ingénieux, d'un esprit prompt et souple; ils sont de plus actifs, persévérants, soumis, obéissants, respectueux envers l'autorité, durs à la fatigue.

Ce qui manque à la Chine, c'est un homme de génie et des auxiliaires de talent. Que va-t-il arriver à la suite des événements actuels? Nous ne pouvons le dire, mais il nous plaît d'évoquer l'avenir et d'entrevoir une époque où, dans ces pays de race jaune, c'en sera fait de la barbarie, de la duplicité et de la cruauté; où la tolérance religieuse aura provoqué d'innombrables conversions, et où vainqueurs et vaincus, réunis dans la communauté d'une même foi, vivront dans la paix féconde et chanteront, dans de curieuses cathédrales, les louanges du Dieu d'amour qui a choisi leur Asie pour y vivre et y mourir en leur apportant le salut.

Mais nous allons conduire le lecteur au milieu du Céleste-Empire ; il verra et jugera par lui-même.

IV

COMMENT ON A L'IDÉE D'ALLER EN CHINE

Il y avait une fois au Tonkin un missionnaire qui devint plus tard évêque, — je parle d'une époque qui remonte bien à cinquante ans ; — ses collaborateurs avaient presque tous été saisis et traînés en prison par l'ordre du roi de ce pays, qui était un véritable tyran ; plusieurs étaient enfermés dans des cages de fer, comme des animaux féroces, et ils attendaient le dernier supplice. Notre missionnaire, lui, traqué par les satellites et les soldats, s'était réfugié dans la montagne, au fond d'une obscure caverne, et là, pour charmer ses loisirs, il avait composé un chant de mort et il répétait tout bas :

Quand combattrai-je dans l'arène
Contre la fureur du tyran ?
Quand verrai-je à mes pieds la chaîne,
Autour de mon cou le carcan ?
Mes amis sont couverts de gloire,
Et moi je ne puis que gémir ;
Il faut, pour gagner la victoire,
Mourir ! mourir ! mourir !

. . . .

Je veux rendre ce sol fertile,
Arracher ses épais buissons ;
Je veux que le terrain d'argile
Se couvre de hautes moissons ;
Mais, pour féconder la nature,
Le travail n'est pas suffisant ;
Il faut, pour l'orner de verdure,
Du sang ! du sang ! du sang !

Les Français, qui sont généreux et ont l'esprit militaire, me comprendront. Ces vers avaient enthousiasmé mes vingt ans, et, eux aidant, je suis parti moi aussi pour l'Extrême-Orient, non pas pour le Tonkin, mais pour un pays similaire, pour la Chine, avec le secret espoir d'y laisser ma vie.

V

COMMENT ON VA EN CHINE

L'autre jour il est venu un monsieur chez moi. C'est un monsieur de vingt-cinq ans, grand, bien découplé, la moustache relevée, une moustache de mousquetaire; appelons-le pour cela d'Artagnan. Ce d'Artagnan ne se serait pas contenté de porter une épée et d'estocader comme on estocadait sous le règne de M. le cardinal. Hélas! tout cela est bien mesquin, quand on y regarde de près : c'est beau la vaillance française, pourvu qu'elle soit bien employée, mieux employée que dans les romans de Dumas père. Mon mousquetaire, lui, à vingt-trois ans, avait déjà exploré l'Afrique inconnue, le mystérieux continent noir ; il avait vu là-bas du nouveau, tout à fait un coin nouveau, et venait de publier un beau volume in-4°, avec illustrations.

Maintenant il me disait :

« Assez d'Afrique, un peu d'Asie.

— Et où irez-vous? L'Asie, c'est grand.

— En Chine, si ça vous est égal.

— Comment donc! Et alors?

— Alors, je compte sur vous pour me renseigner sur la route d'abord.

— Je suis à votre disposition. Voici ce que j'ai fait et ce que vous ferez à peu près :

« J'ai pris à Marseille le paquebot des Messageries maritimes. Une fois monté à bord, c'est comme si vous étiez en Chine. »

La vapeur désormais fait un jeu des voyages.

Quand je pense que pour aller en Chine il fallait, il n'y a pas encore longtemps, — j'ai connu des missionnaires qui l'avaient fait, — passer par le cap de Bonne-Espérance. Il était bien nommé, le cap; mais enfin! Ah! c'était long! et combien périlleux!

Il fallait donc passer par l'Afrique avant d'aborder l'Asie. Mon Dieu! maintenant il faut aussi passer par l'Afrique; seulement on gagne quelques mois; mettons six ou huit.

Il viendra un temps, cher lecteur, où on ne passera plus du tout par l'Afrique; retenez bien cela, je vous prie. Vous avez entendu parler du chemin de fer transcaspien, celui qui va à Samarkand et de là aux Indes; il y a un autre chemin de fer, appelé transsibérien, qui est commencé par les deux bouts : d'un côté c'est Pétersbourg, de l'autre Vladivostock, ce magnifique port russe, situé sur le Pacifique, au-dessus de la Chine et de la Corée; quand les deux bouts se rejoindront, dans quelques années, vous pourrez aller à Pékin en quinze jours. Tel de mes jeunes lecteurs qui lit ceci verra cela et le fera peut-être. Je prédis aussi que d'ici à peu on prendra tout simplement les bateaux anglais de Queenstown à Montréal, puis le *Canadian-Pacific rail-road* jusqu'à Vancouver, puis le bateau américain jusqu'à Yokohama; on gagne ainsi cinq à six jours.

Pour le moment, il existe deux grandes lignes de bateaux : la nôtre, les Messageries, et la malle anglaise, qui part de Brindisi, en Italie.

Les malles anglaises sont de très beaux bateaux, il faut l'avouer; mais pourquoi messieurs les Anglais préfèrent-ils souvent prendre les Messageries, à Marseille? Je vais vous le dire : c'est parce que la cuisine française a du bon. Le *plum-pudding* finit par lasser, vous concevez. Il n'y a que peu d'années, les Anglais étaient d'une fierté dont rien n'approchait au sujet de leur ligne de Brindisi; ils n'avaient pas encore eu de naufrage. Depuis deux ans, ils en ont bien rabattu : l'on ne plaisante pas avec les mers de Chine et les cyclones, qui emportent les jetées et les quais de Hong-Kong comme des plumes; un cyclone, une de ces tempêtes tourbillonnantes et irrésistibles, que nous ne connaissons pas dans nos parages, a réduit un de leurs beaux *steamers* en miettes. Alors les Anglais ne rient plus.

Nos navires sont parfaits, solides, confortables au possible ; on éprouve quelque orgueil à voir flotter à leur arrivée, et à la pointe des mâts, nos trois couleurs; seulement, jeune navigateur, regardez bien le pavillon français : vous ne le verrez que là, sur le navire qui vous porte, pas ailleurs. Vous rencontrerez des bateaux marchands sur votre route. Quels pavillons arborent-ils?

Pavillon anglais ;
Pavillon hollandais ;
Pavillon allemand ;
Pavillon suédois ou norvégien ;
Pavillon russe ;
Pavillon danois.

J'ai donné ceux-ci dans l'ordre numérique ; les autres ne comptent pas. Naturellement dans la Méditerranée vous rencontrerez souvent le pavillon italien.

La Méditerranée est-elle un *lac français*, comme on le dit?

Heu! je ne sais pas; j'ai été un peu partout sur les côtes de la Méditerranée. Écoutez : on parle italien à Malte, on parle italien à Nice, on parle italien de Gênes à Messine, on parle italien à Trieste, à Corfou, à Salonique, à Smyrne, à Beyrouth, à Jaffa, à Alexandrie, à Tripoli, à Tunis. Ne disons donc pas trop que cette mer est un lac français.

La première escale que vous faites c'est à Naples. Ah! « voir Naples et mourir! » Je comprends bien cette parole ; j'ai été à Naples plusieurs fois ; j'ai encore envie d'y retourner, et si l'on me donnait à choisir entre telle et telle ville de la péninsule, je dirais : Naples! Naples!

Oh! cette mer est idéale! ce bleu est divin! cet air exquis! La molle Parthénope s'étend nonchalamment les pieds dans l'eau, la tête appuyée au chaud sur le volcan voisin, et elle se laisse vivre sans grand souci du lendemain, sûre que la place est bonne et qu'il est bien difficile de l'en déloger.

On pourrait passer des mois à Naples ou dans les environs. La ville vous offre le spectacle de ses rues et de ses places si animées, celui de sa population exubérante, bariolée, tapageuse, celui de ses églises pittoresques, celui de ses musées : le Pompéien et les sculptures surtout.

Après, allez à Pompéi, à Castellamare, à Sorrente, à Capri ; saturez-vous d'air, de soleil et de senteurs d'orangers ; montez au Vésuve : on y monte maintenant en chemin

Vue de Naples.

de fer : quelle horreur ! Montez à la chartreuse de San-Martino. Et vous ne pourrez vous arracher à ces merveilles.

Mais que dis-je ? Vous faites escale pendant quelques heures ; vous n'aurez qu'entrevu un coin de paradis.

Après l'Italie, nous voici pour de bon en Afrique avec Port-Saïd. Oh ! je ne dirai pas que le pays est beau ; non, il n'est pas beau. C'est le désert tout simplement : on l'a creusé, et tout le monde sait que la Méditerranée rejoint la mer Rouge ; or, comme celle-ci communique avec l'océan Indien et la mer de Chine, vous êtes bien dans le chemin.

Port-Saïd, Ismaïlia, Suez, les trois étapes du grand canal. Saluez ! C'est tout de même le génie français qui a accompli cette belle œuvre. Et les grands bateaux passent à la file dans le canal que les dragues creusent sans cesse et toujours, en vous évitant le grand tour par le Cap.

Rien, rien à voir ici, si ce n'est les sables brûlants, rien à faire qu'à supporter la lourde chaleur. A gauche, c'est le Sinaï, montagne célèbre entre toutes; à droite, Obock, possession française; à gauche, Djeddah, le port de la Mecque et le tombeau du Prophète; plus loin, l'île de Périm et les canons anglais; après le détroit de Bab-el-Mandeb, la forte position d'Aden, avec encore le drapeau et les canons anglais. A Aden, il n'y a pas un arbre.

Si vous avez un peu de patience pendant une huitaine de jours, vous en serez bien récompensé; vous revoyez un autre paradis avec l'île de Ceylan et Colombo.

Il ne se peut imaginer rien d'aussi attrayant, d'aussi vert et d'aussi frais que cette partie du monde où la tradition indienne place le jardin de délices où l'on aurait mis nos premiers parents. Il y a même un pic, au centre de l'île, qui porte le nom d'Adam. Vous verrez là pour la première fois les hauts cocotiers aux fruits laiteux, les bananiers aux larges et luisantes feuilles, les majestueux éléphants, et déjà les bonzes et les pagodes hindoues. Ne cherchez pas à distinguer, au premier abord, les hommes des femmes; les Cingalais efféminés portant tous des cheveux longs, relevés au moyen d'un peigne d'écaille : c'est une des particularités étranges de ce long voyage, comme aussi les nobles personnages qui portent un long paletot blanc et sur la tête une mitre noire : j'ai nommé les Parsis ou adorateurs du soleil et du feu.

Ceylan est aux Anglais comme tout l'Hindoustan : deux cent cinquante millions d'habitants.

Après Ceylan, Singapour, l'île malaise à moitié peuplée par des Hindous et des Chinois cantonnais, que vous voyez pour la première fois. Et Singapour, comme Colombo, possède des quartiers européens remplis de palais luxueux, féeriques, entourés d'une végétation exubérante, à côté des misérables habitations du peuple qui grouille dans les faubourgs. Singapour est aux Anglais!

Enfin, enfin, voici notre Cochinchine avec le cap Saint-Jacques et la rivière de Saïgon! C'est un malheur que vous n'ayiez pas vu cette terre avant Ceylan ou Singapour, vous l'eussiez trouvé si jolie! Même aspect général, même végétation folle, mêmes essences d'arbres, plus riches peut-être encore. Ce n'est pas la même chaleur; elle était sèche et saine là-bas, sous l'Équateur; ici elle est humide et fiévreuse. Les marécages et les rizières recèlent la maladie et la mort si l'on ne prend d'extrêmes précautions; les jungles et les forêts sont pleines de tigres et de serpents. Les Anglais, que nous avons retrouvés partout jusqu'ici, ont eu le grand talent de prendre ce qu'il y avait de mieux; ne doutez pas cependant qu'ils ne soient actuellement jaloux et envieux de nous voir en Cochinchine, en Annam, au Tonkin, qui sont un peu plus haut. Ils voudraient tout, tout et Madagascar avec; ils voudraient le monde! Jusqu'à quand cela durera-t-il?

Oh! la belle ville que Saïgon, où le génie artistique de la métropole se révèle dans les rues bien tracées, le splendide palais du gouverneur, les jolies casernes et le ravissant jardin botanique! Combien j'aime les maisons créoles, à vérandas circulaires, avec leurs meubles en rotin, propices aux longues siestes et aux aimables causeries!

Nous allons arriver en Chine; réveillons-nous.

« Comment vous en tirerez-vous? dis-je à mon mousquetaire.

— Voilà! je compte plus que jamais sur vous pour me fabriquer un vocabulaire.

— Et vous croyez que l'on apprend le chinois ainsi, sans plus de leçons?

— Dame!

— Détrompez-vous. Il s'agit ici d'une langue basée sur la tonalité, et il faut être dans un milieu indigène pour l'apprendre.

— Comment cela?

— Parce que dans ce milieu seulement vous pourrez saisir la difficulté des tons. Comprenez bien : un même mot, prononcé sur cinq tons différents, a cinq significations différentes.

— Par exemple?

— Par exemple, le mot *tong* veut dire cinq choses :

Cuivre. Hiver.	Orient ou Est.	Avec ou ensemble. Couleur.

« Et c'est aussi un des quatre cents noms de famille qu'on trouve en Chine.

« Le mot *yen* veut dire :

Œil. Sel. Tabac.

« Le mot *ma* signifie :

Mère. Cheval. Chanvre.

« Si vous demandez du tabac, et qu'on vous apporte du sel ; un cheval, et qu'on vous donne un mouchoir, l'aventure sera plaisante.

— Mais enfin?...

— Enfin, c'est ainsi ; et il pourra y avoir des quiproquos plus désagréables, et qui pourraient vous créer de sérieux embarras.

— Ah! diantre!

— Maintenant, la grammaire n'existe pas ; le même mot est un verbe, un substantif et un adjectif : *gay* veut dire aimer, amour, aimable. Les temps des verbes sont supprimés ; il suffit de l'adjonction d'un mot, du mot *leao,* par exemple, pour indiquer le passé ; le pronom indique la personne : *go,* je ; *ny,* tu ; *ta,* il ; *men* indique le pluriel. Je vais conjuguer le verbe aimer :

Go gay	*Go-men-gay*
Ny gay	*Ny-men-gay*
Ta gay	*Ta-men-gay*

— C'est un peu comme en anglais.

— Juste.

— Ne me donnerez-vous pas quand même quelques phrases usuelles?

— Qu'à cela ne tienne! si vous voulez. Mais gare à la pratique!

« Bonjour : *kong-hy fa-tsay* (bonheur et richesses je vous souhaite).

« Comment allez-vous? *hao-pou-hao* (Êtes-vous bien ou pas bien)?

« Merci : *to-sié* (Mille grâces)!

« Venez ici : *lay-tché-ly.*

« Allez-vous-en : *tseou, tseou.*

« Prenez ceci : *lá tché-ko.*

« Apportez mon bagage : *la-tong-si-lay* (Prenez les choses de l'est et de l'ouest, et venez).

« Comment appelez-vous ceci? *tché-ko-kiao-che-mo?*

« Homme : *jen.*

« Femme : *niu.*

« Enfant : *oua-oua-eul-tse.*

« Aller : *kiu.*

« Falloir : *yao.*

« Pouvoir : *kan.*

« Oui : *che.*

« Non : *pou che.*

« 1, *y;* 2, *eul;* 3, *san;* 4, *se;* 5, *ou;* 6, *lou;* 7, *tsy;* 8, *pa;* 9, *kieou;* 10, *che;* 100, *pé.*

« Avec cela, mon cher, vous voilà docteur! Docteur, en chinois, se dit *hanlin,* et *hanlin,* c'est *forêt de pinceaux,* parce qu'un docteur use beaucoup de pinceaux. Ah! vous ne saviez pas : en Chine on écrit avec le pinceau. Les marchands de plumes métalliques de Boulogne-sur-Mer n'y feraient pas fortune!

VI

COMMENT ON TRAVERSE LA CHINE PAR VOIE DE TERRE ET D'EAU

Ainsi stylé, mon jeune ami ne peut manquer de faire une entrée triomphale dans le Céleste-Empire, une entrée comme son homonyme d'Artagnan l'eût opérée. Quel rapprochement, grand Dieu! Si deux termes de comparaison jurent bien, c'est celui de Chine et celui de mousquetaire.

En attendant, sur le pont du bateau, on perçoit une odeur caractéristique, un parfum de musc prononcé; c'est le pays jaune, c'est la Chine, c'est l'île de Hong-Kong, qui est aux Anglais, et où ils accumulent les régiments de cipayes indiens, en prévision des événements futurs. On aperçoit déjà, dans les barquettes qui sautillent sur la rade, quantité de bonshommes à queues et à pantalons de lustrine noire. Si on met pied à terre on voit les bazars cantonnais et on entend dans les rues le son des piastres remuées à la pelle, car Hong-Kong est une ville de banquiers ; mais on passe, car on a hâte de contempler la vraie Chine. Quatre jours après vous débarquez à Shang-Haï, sur les magnifiques quais des concessions européennes...

Pourtant, vous savez, je ne m'oppose pas à ce que de Hong-Kong vous fassiez une petite excursion à Canton, la capitale du Sud. Des *steamboats* anglais vous feront faire la traversée du détroit en une journée. Arrivé à Canton, croyez bien que mon dictionnaire ne vous servira nullement; dans cette province, comme dans celle du Fo-Kien, on parle patois et pas du tout la langue mandarine. Heureusement qu'à Canton il y a les missionnaires français. Alors vous êtes sauvé.

Que vous montreront-ils ?

Bien des choses. D'abord leur résidence, installée dans un ancien *ya-men* ou tribunal de mandarin, et la cathédrale catholique, de style gothique, qui se dresse majestueusement à côté de la résidence. Croiriez-vous que les Cantonnais passent dédaigneusement devant ce monument qui surpasse certainement tous les leurs ? Mais ce n'est pas chinois, ce n'est pas fait par eux, cela s'écarte de la règle, du *koui-kiu,* et par conséquent cela ne vaut rien. Plantez un Chinois devant l'Arc de Triomphe ou le Louvre de Paris, ou Saint-Pierre de Rome, ou la cathedrale de Milan, et demandez-lui si c'est bien, il haussera les épaules, à moins qu'il ne soit très poli, et vous répondra :

« *Tcha-pou-to!* A peu près beau! mais nous avons mieux. »

Quel tas d'orgueilleux!

Les missionnaires vous montreront encore la grande *Pagode de Honan* et celle des *Cinq cents diables,* où l'on remarque avec étonnement, parmi les cinq cents statues de dieux, un marin en chapeau ciré et un père jésuite. Pour le jésuite, je comprends, car les religieux de cet ordre ont été tout-puissants à la cour de Chine, il y a environ deux cents ans ; mais pour le marin, je ne sais pas bien comment il est venu là.

Ne pas manquer de visiter aussi la *Pagode des Supplices* pour y contempler des choses effroyables. Quels horribles magots ! quand ils se mettent à verser le sang, ils le font avec art : c'est toute une science que celle du bourreau, et les journaux viennent précisément de nous apporter le récit de l'exécution d'un capitaine chinois, qui avait trahi, sur la route de Moukden. Ce qu'on lui a fait dépasse la conception : la langue arrachée, le nez écrasé, les entrailles en bouillie... Je m'arrête. Et dire que beaucoup de nos pauvres soldats au Tonkin ont été traités de la sorte! Mais nous nous en souvenons!

Enfin, quand vous aurez visité la ville d'eau, composée de barques grosses et petites, qui forment par leurs alignements des rues et des places, et habitée par une cinquantaine de mille âmes, vous aurez tout vu. Et vous aurez fait déjà connaissance avec le genre chinois, un vilain genre qui consiste à se moquer des étrangers de la façon la plus grossière. C'est tout au plus s'ils ne vous jettent pas des pierres. Sauvages, va! Et remarquez qu'ils ont la prétention de passer pour civilisés.

En quatre jours vous êtes donc à Shang-Haï, où vous débarquez sur les quais de la concession française. A côté il y a les concessions anglaise et américaine, et le tout constitue une véritable ville européenne. Les palais des consulats, des agences maritimes et des riches commerçants, anglais pour la plupart, les lignes de reverbères sur les quais, les églises catholiques et protestantes, les grands vapeurs sur la rivière vous font rêver de Marseille ou du Havre ; faites quelques pas hors des concessions, c'est la ville chinoise, où tout est indigène.

Nous n'irons pas. En quatre jours encore, un bateau anglais vous transportera par le fleuve Bleu, à Hang-Kéou, à deux cents lieues de là, dans le centre de l'empire du Milieu. L'instant où j'ai quitté le paquebot à vapeur pour monter à bord d'une jonque à voiles de bambou, j'ai dit :

« Cette fois, c'est la Chine, la Chine rêvée ! »

Trois cents lieues de voyage sur cette barque, en trois mois de temps ; il y a de quoi faire d'utiles et intéressantes réflexions. Oh ! je me vois encore là, habillé à la chinoise, — robe et pantalon de coton bleu, calotte de soie noire, souliers à triples semelles, — ma tête rasée, avec cet appendice, cette horrible queue qui me gênait affreusement le soir, quand, étendu sur ma natte, à l'intérieur de la cabine, je voulais appuyer ma nuque endolorie sur le traversin en cuir bouilli. Impossible de s'accoutumer ! Alors je me relevais, je m'éventais avec la grande feuille de palmier montée, ou je tirais mélancoliquement des bouffées de ma pipe à minuscule foyer de cuivre. Dans les barques à côté, on menait grand tapage ; sur l'une d'elles, à la proue, le patron coupait le cou à un coq pour se rendre propices les divinités du fleuve, sur l'autre on jouait, on buvait, on jurait, on s'interpellait grossièrement avec force « œufs de tortue ! » sur une autre, le tamtam résonnait furieusement en l'honneur d'un amiral qui avait arboré ses multiples pavillons et banderoles... La Chine est le pays du bruit.

On ne voyage pas la nuit, ni quand il pleut, ni quand il fait du vent, *Fong ta!* ni quand c'est fête ; on conçoit qu'il faille trois mois pour faire trois cents lieues.

Au matin, branle-bas général ; tout se remue sur le large fleuve, qui a huit kilomètres de large ; on côtoie la rive le plus possible, et cinquante à soixante hommes parfois halent la grosse jonque qui remonte péniblement un fort courant. Dans les défilés et les rapides, gare à la corde de bambou ! Si elle casse, la jonque va buter contre les gros rochers à fleur d'eau et se perd sans rémission...

Et sous l'azur du ciel passent devant vos yeux, comme en un kaléidoscope, pendant des heures et des heures, les campagnes cultivées, les bosquets de bambous, les villes murées, les tours à dix étages, les pagodes aux toits jaunes et vernissés...

Mais encore ? Qu'est-ce que l'on voit dans un parcours de trois mois ? Ce que l'on voit : presque toute la Chine.

A soixante lieues de Shang-Haï, c'est la ville de Tching-Kiang-Fou, à l'entrée du fameux canal impérial, tracé par les vieux empereurs pour relier le fleuve Bleu au fleuve Jaune, les deux grandes artères chinoises. Il n'en reste que des talus en ruines et des eaux croupissantes, image de ce grand pays, qui a besoin d'une autre administration, d'une autre civilisation, d'autres maîtres.

C'est Nan-Kin ou Nan-King, la capitale du Sud, célèbre par sa tour de porcelaine, une tour immense revêtue de plaques de cette merveilleuse porcelaine que nous admirons tant. De ce monument, plus rien; mais les antiquaires chinois, — il y en a, — s'arrachent encore les plaques, qu'on retrouve un peu partout dans toutes les provinces. Moi-même j'ai pu autrefois, grâce à un collègue missionnaire, fort versé dans toutes les sciences et choses du pays, en acquérir quelques-unes à Lou-Tcheou, dans le Se-Tchouan méridional. Les Anglais ont ruiné Nan-Kin.

C'est Kieou-Kiang, dans le Kiang-Si, qui possède de grandes fabriques de porcelaines modernes.

C'est Han-Kéou, Han-Yang et Ou-Thang-Fou, trois villes importantes sur les bords du grand fleuve, voisines l'une de l'autre, contenant trois à quatre millions d'habitants, et qui font rêver de New-York, Brooklin et New-Jersey.

C'est Kin-Tcheou-fou, ville de premier ordre, où pour la première fois je vis les Tartares, qui avaient là une garnison, comme ils en ont dans plusieurs villes de Chine, pour tenir le pays en respect.

C'est Cha-che, le grand marché du Centre.

C'est I-tchang-fou, à l'entrée des rapides du fleuve Bleu. Là je reçus une visite dans ma barque. Au moment où je m'y attendais le moins, un jeune homme, assez élégamment habillé, surgit devant moi :

« Bonjour, me dit-il.

— Bonjour. »

Puis quelques paroles que je ne compris pas. J'étais fort novice dans la langue, on le comprend : j'arrivais. Je restai donc bouche bée. L'autre continuait à parler ; c'était embarrassant. Et j'étais seul ! Les courriers chrétiens qui me conduisaient étaient descendus à terre pour querir des vivres. J'eus une inspiration : je saisis un dictionnaire tout nouvellement composé par un missionnaire et donnant les mots français à côté des caractères chinois et de la prononciation.

« Européen ! » dis-je en montrant le mot chinois dans un livre.

L'autre baragouinait toujours ; il avait l'air de comprendre ; moi, non.

« *Se-Tchouan!* » repris-je avec les mêmes moyens.

Mon interlocuteur finit par dire :

« *Tche-fan!* — Manger le riz, dîner. »

Grand Dieu! j'avais compris: il m'invitait à dîner!

« *To-sié!* Merci! mille grâces! »

Oui, mais « merci non », voulais-je dire. Heureusement les courriers arrivaient ; j'étais sauvé. Ils refusèrent poliment en mon nom. Le jeune homme était un candidat au baccalauréat, venu à I-Tchang pour les examens.

Nous voici arrivés dans mon beau Se-Tchouan, la province des *Quatre-Vallons.*

Quel étonnement en arrivant à *Tchong-Kin-fou,* cette ville de *premier ordre,* seconde capitale de la province occidentale du *Se-Tchouan!* Ce haut escalier conduisant aux portes de la ville, encombrées de loqueteux et de mendiants, ces petites rues bordées de boutiques devant lesquelles se balancent les enseignes laquées aux grands caractères dorés! Cette foule bigarrée et affairée! ce commerce grand et petit, actif, incessant! ces cris, ces gongs, ce vacarme dans lequel le Chinois se complaît comme dans son élément!

Et ce grand *kong-kouan,* le palais épiscopal, la *Maison de la vraie origine, Tchen-yuen-tang,* avec cours et jardinets et salles immenses, dont les portes circulaires affectent la forme d'un grand œil de bœuf, et, la nuit, ces mille représentations théâtrales qui ne finissent point, ces veilleurs qui frappent leurs deux bâtonnets l'un contre l'autre. Ah! que je suis loin de ma France aimée!

Un repos de quelques jours, et puis, vite! passons le fleuve, et en route pour mon poste!

En Chine, si ce n'est aux environs de Péking, pas de voiture, tout à dos d'homme. Me voici donc installé dans un palanquin, une chaise, comme un grand seigneur du temps des Saint-Simon et des Sévigné, avec trois porteurs, deux par devant, un par derrière, et je file, je file avec rapidité, entre les champs de riz, sur une route dallée, de deux mètres de large, croisant à chaque instant d'autres porteurs qui, au moyen d'un long bambou posé sur l'épaule, portent de tout. Nous ferons dix lieues par jour, — on ne voyage pas la nuit, — et nous franchissons montagnes et vallées allègrement ; mes hommes ne semblent pas connaître la fatigue. De temps en temps, à l'intersection de deux routes, près d'une petite pagode ou sous un arbre énorme, séculaire, une halte. Les coolies s'accroupissent, fument une pipette, et puis, vite, ils repartent comme le vent.

Voici le soir, on entre dans un bourg, après avoir allumé deux lanternes longues et carrées, en papier, qui sont suspendues derrière la chaise, et illustrées de caractères qui indiquent mon nom et ma qualité. Nous arrivons à l'auberge ; le *lao pan* ou *maître de la boutique* vient nous recevoir obséquieusement et me conduit à la meilleure chambre, au fond de la cour : une chambre enfumée, sans plafond, aux fenêtres en papier, au lit sordide sur lequel on étend mes couvertures.

Mes gens, eux, ont demandé des bassins de cuivre et font la toilette du voyageur : les pieds, la tête, tout cela en même temps. Après, une tasse de riz, le thé et la pipe ; quelquefois c'est la pipe à opium, dont l'odeur est intolérable pour les honnêtes bourgeois qui ne la fument pas.

On cause dans la cour. Je prête l'oreille, car il s'agit de moi... je saisis presque tout...

« Qui conduisez-vous là ? demande-t-on à mes porteurs.

— Un grand homme (*ta jen*).

— D'où vient-il ?

— Des mers occidentales (*yang ti*).

— Quelle nation ?

— *Ngo pou hiao té*. Je ne sais pas.

— *Fa-lan-si ? Fa-koué-ty ?* Du royaume de France ?

— *Kong pa*. Peut-être bien.

— *Che ma !* Bien. »

Une pause, on tire quelques bouffées. On reprend :

« *Ngy tché ko jen, ngy cho ma*. Dis donc, homme, écoute.

— *Hao*. Bien.

— *Tché ko jen che pou che hong mao jen ?* Cet homme-là, que vous conduisez, ne serait-il pas un « homme aux poils rouges ? »

On appelle ainsi les Anglais, ne leur en déplaise !

« *Pou che té*. Nullement. Tu ne l'as donc pas vu ?

— *Yao kan !* Il faut voir encore ! »

Crac ! un des petits carreaux de papier vole en éclats sous

la poussée d'un doigt, et derrière le trou rond j'aperçois un œil perçant et d'autres yeux qui suivent ; j'entends aussi l'exclamation :

« *Hi ki !* C'est tout de même curieux ! »

Les enseignes en gros caractères qui se balancent au-dessus de la porte de ces auberges disent qu'elles s'appellent *Hôtel des désirs accomplis ! Hôtel de l'immuable félicité ! Hôtel de l'entente cordiale !*

VII

LA SOCIÉTÉ CHINOISE

De quoi se compose une société ?

D'individus organisés en classes. Chez nous, dans notre société démocratique, il n'y a plus guère que deux classes : le bourgeois et l'homme du peuple, ouvrier ou paysan. En Chine, c'est à peu près la même chose. On va en juger.

Il n'y a pas de noblesse héréditaire en Chine, donc il n'y a pas de noblesse ; il ne reste plus que des bourgeois et des hommes du peuple, comme chez nous.

Mais les fonctionnaires ?

Les fonctionnaires peuvent jouir de prérogatives aristocratiques et d'attributions fort importantes, mais, eux aussi, sortent du peuple. Ce singulier mélange d'idées et d'allures qui tiennent tantôt de la monarchie, tantôt de la république, ne laisse pas que d'étonner beaucoup l'observateur étranger, au premier abord. Moi, j'ai toujours pensé que cela avait fait la force du gouvernement et des gouvernants de ce pays.

Mais ce qui par-dessus tout régit, gouverne, pénètre, refrène et soutient la société chinoise, c'est la grande idée du respect dû à l'autorité, quelle qu'elle soit :

L'autorité paternelle, d'abord ;

L'autorité des magistrats ;

L'autorité du maître et de l'éducateur.

Avec le principe d'autorité, on mènera les Chinois loin et longtemps.

Enfin il y a la tradition, le respect des usages et des coutumes, qui est aussi une force incomparable dans le pays, une force telle, que le peuple, qui n'est aucunement religieux

Un diseur de bonne aventure.

et est plutôt devenu sceptique, a encore toutes les apparences de la dévotion non pas simple, mais la plus compliquée, puisqu'il adresse ses prières, ses vœux et ses offrandes à un Olympe qui compte des centaines de divinités. Les Chinois ont plus de dieux que n'importe quelle nation de l'antiquité classique.

« Ceci s'est fait, ceci est dans les usages. Mon père et mon grand-père faisaient cela et comme cela. » Voilà un raisonnement quotidien en Chine.

Et on ajoute :

« Je ne m'occupe pas s'ils avaient tort ou raison, je pense qu'ils devaient savoir ce qu'ils faisaient, je les imite. »

Le père, les ancêtres sont donc déifiés, élevés à un degré d'honneur et de gloire qui comporte non seulement la vénération de la part des enfants, mais l'infaillibilité de leur propre côté.

Quant à la politique, pour la même raison, le Chinois ne la connaît pas et ne la comprend pas. Faire de l'opposition, par exemple, à un acte de l'autorité impériale passerait pour une folie, une monstruosité. S'occuper même seulement de discuter les faits et gestes des gouvernants serait une nouveauté qui paraîtrait bien inutile. Et vous entendriez des gens vous répondre :

« L'Empereur et les mandarins savent bien leur métier. Laissons-les gouverner. Cette conversation est oiseuse et nous empêche de boire notre thé et de fumer notre pipe avec toute la tranquillité désirable. »

Du reste, le mandarin a l'autorité paternelle. Ne l'appelle-t-on pas *Fou-Mou-Kouan,* le père et la mère du peuple ?

L'Empereur ne détient-il pas l'autorité divine entre ses mains? Ne s'appelle-t-il pas le Fils du Ciel ?

On a saisi l'idée qui domine dans la conception de la société chinoise. Nous passons à la description des personnalités.

L'Empereur.

Un Tartare, enfermé dans un palais, — enfermé lui-même dans la double enceinte de deux villes superposées, — abruti, par les plaisirs orientaux et une vie désœuvrée, car il règne sans gouverner, inconnu de ses sujets, vivant sur la frontière de son pays d'origine, toujours prêt à le rejoindre, en cas d'alerte, en supposant qu'il en ait le temps ; ce que les ennemis d'aujourd'hui pourraient bien empêcher.

L'entourage impérial. Des Tartares, eux aussi, de la famille du souverain ; ou des amis, quelques Chinois intelligents, parfaitement ralliés à l'état de choses existant. Cela existe depuis deux cents ans et plus. Ces hommes, hauts et puissants mandarins, se sont partagé les fonctions suprêmes, les ministères, les commandements ; ils forment le conseil impérial et envoient directement leurs ordres dans les dix-huit provinces aux vice-rois ou gouverneurs de chacune d'elles, qui sont leurs parents ou leurs intimes amis. A côté de ce vice-roi, il y a toujours, du reste, un maréchal tartare, dévoué corps et âme à la dynastie régnante.

Sous les ordres de ceux-ci, on voit dans les villes de premier ordre des préfets, et dans les villes de second ordre des sous-préfets. Préfets ou sous-préfets, ces magistrats jouissent d'un pouvoir absolu et très étendu : ils sont administrateurs, juges correctionnels et d'assises, trésoriers généraux, etc.

Comment le mandarin a-t-il été nommé ?

Par la faveur, évidemment ; mais ce n'est pas tout à fait un imbécile. Il a subi des examens, après avoir étudié longtemps, et enfin, s'il a été heureux, il est désigné à la longue, pour occuper tel poste, souvent à des centaines de lieues de son pays natal, jamais dans son pays natal.

Et il passe au milieu des rues de la cité, le collier d'ambre au cou, la grue symbolique brodée sur la poitrine, le globule blanc ou bleu vissé au sommet du bonnet officiel, le parasol rouge abritant le palanquin où il trône, pendant que le gong résonne triomphalement devant lui et le cortège nombreux qui l'accompagne.

Les gens du prétoire, les satellites, les policiers, les bourreaux, appelés *ma-kouai* ou « chevaux rapides », un tas d'odieuses canailles ; pas un atome de conscience dans cette classe honnie et détestée.

Le mandarin militaire. Un assimilé pour le grade qui correspond toujours au grade civil, avec le bouton officiel ou globule indiquant le grade ou la classe. Le mandarin militaire, un officier sans instruction, infiniment au-dessous de son collègue, préfet ou sous-préfet, plus ou moins habile dans les exercices corporels, mais dont la science technique ferait sourire de pitié le moindre de nos sergents. Le plus simple capitaine allemand, un von Hanneken, en remontre à tous les vice-amiraux de la flotte du Céleste-Empire, qui du reste a vécu.

Le soldat comme le satellite de tribunal. Un fanfaron, un indiscipliné, un maladroit et un couard, à moins qu'il n'ait été formé par le vice-roi du *Pé-tché-ly, Ly-Hung-Chang* ; alors il a quelques notions de tactique européenne et possède un fusil à peu près passable, — mais il n'y a pas longtemps ! — à moins aussi qu'il ne se batte sous bois ou derrière un retranchement, sans affronter jamais l'ennemi tête à tête. Les combats à la baïonnette ne sont pas goûtés des Célestes.

Maintenant, parmi les civils, voyons un peu au hasard :

Le marchand. Un homme tout entier à son commerce, âpre au gain, habile, retors, infatigable, ne se démontant jamais, calculant sans cesse à l'aide du *souan-pan* ou machine à compter. Il y a du juif dans le marchand chinois; mais l'honnêteté du gros négociant est pourtant proverbiale. J'en ai connu quelques-uns qui, chrétiens ou païens, étaient vraiment ce qui se peut trouver de mieux là-bas en fait d'hommes. A défaut de conscience en Chine, il y aurait donc la conscience commerciale! « Ne trompe pas, tu ne seras pas trompé. » « A trompeur, trompeur et demi. » Voilà autant d'adages qui doivent guider le marchand.

Le marinier ou barquier. Homme de sac et de corde, capable pourtant d'un travail surhumain à certains jours, affrontant des dangers toujours nouveaux, souvent formidables, mortels, pourvu qu'ils puissent piller, voler, ravager à son aise le lendemain ou se plonger dans les douceurs du *farniente* absolu. Dans tous les pays du monde, on mange bien à bord des navires, c'est-à-dire mieux qu'en terre ferme, et tous les marins sont gourmets et grands buveurs. Le Chinois n'échappe point à cette règle générale; de plus il est joueur enragé ; pourvu qu'il puisse, le travail fini, remuer des dominos ou agiter des cartes, il est content ; quand il a perdu, il joue les doigts de sa main ;

« Si je perds, je me couperai tel doigt ! »

Le couteau est à côté des cartes, ou bien la hachette. Il a perdu, il fait sauter le doigt. Quels sauvages !

Tous ces gens-là sont passionnés pour l'opium. Une vraie plaie ! Fumer l'opium est une jouissance paradisiaque. Cette drogue, importée d'abord des Indes par les Anglais, qui ont cela à leur passif, et qui est maintenant cultivée et récoltée en Chine, procure les rêves les plus agréables. On dit qu'on voit et qu'on obtient en rêve ce que l'on désire dans l'état de veille. On comprend combien l'opium peut devenir immoral. Quelques fumeurs, pauvres diables, emploient des instruments rudimentaires ; mais la plupart achètent la pipe à opium, qui est très compliquée, avec la lampe, les aiguilles, les boîtes et le reste. Il est donc vrai de dire que le fumeur d'opium qui se sépare de ces instruments accomplit un acte héroïque et opère une vraie conversion, car en acheter d'autres n'est pas chose facile. Aussi les missionnaires exigent-ils des chrétiens fumeurs la confiscation de ces instruments.

Femmes chinoises.

Un effréné fumeur d'opium, c'est encore le porteur de palanquin ou de fardeau, qui constitue une classe considérable en Chine. J'ai toujours admiré ces gens quand ils sont au travail. Un porteur de fardeau court du matin au soir par les petits sentiers dallés avec ses corbeilles ou paniers suspendus aux deux extrémités d'un long bambou. Quarante livres d'un côté, quarante de l'autre, voilà le poids réglementaire. Les porteurs de palanquin se mettent à deux pour porter un voyageur ; si c'est dans un palanquin d'honneur et pour une cérémonie, ils sont toujours quatre. Si c'est un Européen qu'ils transportent, comme un missionnaire, fût-il maigriot comme j'étais, et pour une simple course, ils se mettront à trois. Pourquoi ?

« Les os du grand homme sont plus lourds que ceux d'un citoyen de l'Empire du Milieu, » disent-ils.

C'est peut-être vrai.

Que photographierons-nous encore ?

Un *lao-pan,* un aubergiste, un gargotier, un restaurateur, un marchand de thé. Tous ces gens-là, comme leurs congénères d'Europe, sont suffisants, curieux, hâbleurs, bavards, souvent un peu voleurs et toujours affreusement malpropres.

Un perruquier. Rien d'aussi amusant que de les voir opérer dans les carrefours et sur les places publiques, en plein air. Les coiffeurs chinois aiment l'espace et le grand air. Ils étalent d'abord tout leur arsenal d'instruments aux yeux du public; puis, s'emparant de la tête du patient, la rasent avec des rasoirs primitifs mais excellents, peignent les cheveux du sommet, les tressent en natte ou queue, explorent le nez du client, ses oreilles, lui retournent les paupières, le grattent, l'épongent, le savonnent, le frottent, le massent, le lavent, l'essuient, l'épluchent.

Un tireur de cartes, un sorcier, ils pullulent. Ce sont des farceurs et des imposteurs, mais il faut avouer qu'ils opèrent des choses surprenantes. J'ai la conviction que le diable est avec eux souvent. Qu'est-ce que vous diriez, ami lecteur, d'un homme qui se rend dans le marché pour y vendre des remèdes, qui prépare une espèce d'eau lustrale à laquelle il communique une vertu magique en y jetant des figurines obscènes sculptées en bois, puis récite des formules, exécute des contorsions indécentes, puis découvre sa poitrine devant tout le monde, se fait dans la chair de profondes entailles, à coups de sabre, sans ressentir de mal, se lave avec son eau magique et se guérit instantanément, cicatrise ses plaies?

D'autres prennent impunément des charbons ardents dans les mains, les placent sous leurs vêtements, sans que ceux-ci prennent feu. Vous nierez, parce que vous êtes Européens et Français, et moi j'affirme que des milliers de personnes sont journellement témoins de ces faits là-bas.

Vous parlerai-je des bonzes à la tête rasée complètement, aux longs habits gris rappelant l'ancien costume chinois, avant la domination tartare? Il n'y a pas un état plus méprisé que celui-ci. Ils ne sont point prêtres, les malheureux bonzes, ils ne sont guère lettrés, ils ne sont guère vertueux. Chanter des hymnes et des psaumes, à certaines heures, avec une chape jaune sur le dos, dans les grandes pagodes, frapper les cloches, battre du tambour, faire brûler des bâtonnets d'encens, offrir à Bouddha un quartier de porc et des pâtisseries qu'il déguste ensuite, lui, le bonze, voilà à peu près tout son ouvrage. J'oubliais qu'il soigne aussi les cochons sacrés.

Mais toute cette diablerie des pagodes est aussi puérile, aussi fantastique, aussi extravagante, et aussi poudreuse que la Chine elle-même.

Tenez ! j'aime mieux ces deux derniers types intéressants:

La femme chinoise.

Pauvres petites *niu !* elles sont bien sacrifiées, elles sont bien ignorantes, bien délaissées aussi au point de vue des affections du cœur. Est-ce qu'on peut concevoir une femme sans affection ? Le Chinois n'aime pas, on nous l'a répété souvent là-bas, et nous avons voulu nous rendre compte de la vérité de cette assertion : elle n'est heureusement pas exacte. Le Chinois païen n'aime pas ; le Chinois chrétien est susceptible de sentiment comme tous les hommes, comme les nègres mêmes, à qui on a aussi dénié et refusé tant de choses. Et, je l'affirme hautement, c'est notre christianisme, notre religion d'amour, qui fait éclore les affections du cœur. Contrairement aux habitudes chinoises, nous faisons apprendre à lire aux femmes, nous leur enseignons qu'elles sont les égales de l'homme, qu'elles ne sont point esclaves, qu'elles ont une âme libre. Cet enseignement trouve un écho. Ah ! comme la femme chinoise relève la tête et le cœur ! comme elle boit nos paroles et nos instructions ! comme elle respire, elle qui, depuis des siècles de paganisme, a été courbée et méprisée sous le joug ! Et je dis : l'avenir de la Chine est dans la femme régénérée.

Voyez cette robuste figure de paysan. Lui aussi, taillable et corvéable à merci, a toujours vécu attaché à la terre, répandant partout ses fatigues et ses sueurs, sans consolation et sans espoir, rappelant par son labeur et son attitude comme par sa position inférieure les anciens Ilotes et les esclaves de la Grèce et de Rome. Il est cependant si travailleur, si docile et si simple! La semence féconde de notre doctrine germe dans ce sol fertile; comme le riz qu'il a jeté dans les champs inondés. L'avenir est dans ce paysan, qui aconscience de sa valeur et de sa dignité, s'il est désormais bien dirigé.

A côté de ces deux types, regardez encore le lettré, le mandarin, car le mandarinat est l'idéal et le but de ces lettrés qui ne voient dans les charges publiques qu'un moyen de faire fortune et d'étaler leur stupide orgueil. Trop longtemps la Chine a gémi sous l'autorité de ces homme indignes de ce nom, de ces despotes odieux, et qu'y a-t-elle gagné? Combien leur orgueil a-t-il reçu de coups, de chocs et d'humiliations! Voilà que leurs frères jaunes, les Japonais, bien autrement intelligents et pratiques, ont pour leurs coups d'essai accompli des coups de maître. Si la Chine veut se relever, eh bien! qu'elle coupe ses queues et s'*européennise* complètement! Qu'elle coupe sa queue! suivant un mot fameux, c'est-à-dire qu'elle se débarrasse de cette institution du mandarinat, qui a fait son malheur et qui fait présentement sa ruine!

Je viens de vous faire une énumération, lecteurs, qui doit vous donner une triste idée de la société chinoise. Pourtant vous avez entrevu deux figures plus lumineuses dans cet horizon noir. Vous allez les retrouver encore quand je vous dirai, plus tard, ce que c'est que le chrétien chinois. Le chrétien chinois régénérera la Chine.

VIII

PORTRAIT D'UN MANDARIN

Malgré les expéditions de Chine et du Tonkin, quoique nous soyons les voisins des Chinois, quoique ceux-ci aient pu faire connaissance avec nos grands cuirassés, — le dernier mot du progrès moderne, — quoiqu'ils possèdent des lignes télégraphiques sur un réseau qui couvrirait l'Europe, ne doutez pas que nous ne soyons encore pour eux les barbares des mers occidentales.

Je sais bien que leurs Tcheng-ki-tong ont joué au boulevardier, qu'ils ont chez nous des ambassades et des missions; mais sur quatre cents millions de Célestes il y en a encore présentement quatre cents millions, moins quelques centaines, qui diront, en voyant vos habits de soirée et vos chapeaux de soie : « *Fan-koui-tse-hi-ki!* Ces diables sont vraiment étonnants ! » Encore, s'ils nous considéraient comme de bons diables; mais non : nous sommes pour eux des êtres malfaisants. C'est que la Chine est immense et bien gardée; les *settlements* de Chang-hay et d'ailleurs ne sont qu'un point dans l'espace infini, et puis les Chinois se méfient.

Qui donc a pénétré dans le centre, dans le *Far-West*, là-bas, à cinq cents lieues du littoral? Ceux qui l'ont fait, on les compte si facilement! Et c'est là-bas que le mandarin règne en maître. Rien n'a changé : aujourd'hui c'est comme au temps de la dynastie des Tsin.

Le mot *mandarin* n'est pas chinois; il a été inventé par les premiers Européens qui sont venus en Chine, vraisemblablement des Portugais, et le mot portugais *mandar,* qui vient du latin *mandare,* veut dire commander, ordonner. Mandarin en chinois se dit *kouan.*

Il n'y a pas au monde d'autorité comparable à celle du mandarin.

Ce gros homme aux lèvres épaisses, aux joues pantelantes, au teint jaune, au nez microscopique, aux yeux bridés et cachés derrière d'énormes lunettes aux verres ronds, retenues aux oreilles par un cordonnet de soie; ce personnage qui porte sur la tête le chapeau officiel surmonté d'un globule rouge ou bleu, au cou le chapelet d'ambre et sur les épaules la robe de soie largement fendue et ornée sur la poitrine du dragon impérial ou de la grue symbolique, c'est un satrape, un stratège, un proconsul; plus que cela, un roi, un empereur au petit pied. Il est tout à la fois préfet et conseil de préfecture, juge d'instruction, juge et président de tribunal de première instance et d'assises, procureur impérial, chargé des affaires civiles et criminelles.

« Tremblez! tremblez! — Accusé, à genoux! » crie-t-on quand il paraît.

Le peuple, qui a conservé toutes les traditions, lui donne pourtant un si beau titre : « *Fou mou kouan.* Père et mère du peuple ! » Non, certes ! ce n'est pas son père et sa mère ; c'est son maître.

IX

NOBLES ET LETTRÉS

Dans ce pays d'aristocratie qui s'appelle la Chine et qui est si despotiquement gouverné, il n'existe cependant pas de noblesse, au moins comme nous l'entendons, nous autres Européens. Les titres héréditaires sont conférés seulement aux membres de la famille impériale et aux descendants du philosophe Confucius, le plus grand et le plus vénéré des Chinois. Ces nobles jouissent d'une petite pension et du privilège de porter une plume de paon au bonnet et la ceinture rouge ou jaune.

On a beaucoup entendu parler, ces dernières années, du marquis de Tseng, qui était ambassadeur du Céleste-Empire à Paris et à Londres ; les grands mandarins civils et militaires reçoivent en effet aussi des titres de *kong, heou, phy, tse,* et *nan,* qui peuvent correspondre à ceux de duc, marquis, comte, baron et chevalier. Pourquoi le mandarin Tseng tenait-il autant à son titre ? C'est sans doute d'abord qu'il y avait droit, et puis il a dû lui sembler, je n'en doute pas non plus, qu'il serait moins déplacé au Foreign Office, au milieu des lords et des baronnets, des chevaliers de la Jarretière et de l'ordre du Bain.

Cette analogie avec les choses d'Europe se fait aussi remarquer dans les neuf classes de l'ordre mandarinal, soit civil, soit militaire, que l'on distingue par le bouton vissé au sommet du chapeau de cérémonie, rouge, bleu, blanc, foncé ou clair, et en cuivre pour les derniers degrés ; elle devient remarquable quand il s'agit des grades littéraires, au nombre de trois, ni plus ni moins, comme chez nous. On est, là-bas aussi, bachelier, *sieou-tsay*, licencié, *kiu-jeu*, ou docteur, *han-lin*, et les fonctionnaires sont toujours choisis parmi les lettrés; un simple sous-préfet, qui cumule toujours les fonctions que nous avons dites, est au moins licencié. Les examens sont réguliers, annuels; ils se passent, sans trop de fraude, au chef-lieu de la province ou à la capitale. Avouons que voilà des sauvages qui sont bien civilisés. Je dirai mieux : il n'y a que nous et eux après.

Deux grands conseils sont attachés à la personne de l'Empereur. Le premier est le secrétariat impérial, le second est chargé des affaires politiques. Viennent ensuite les ministères : l'intérieur, les finances, l'instruction publique et les cérémonies, la guerre, la justice, les travaux publics. N'est-ce pas comme à Paris et à Berlin? Or ils jouissent en Chine de ces institutions depuis longtemps.

A la tête de chacune des dix-huit provinces est placé un vice-roi ou *tsong-tou, tche-tai*, qui a pour auxiliaire deux gouverneurs, *fou-tai*. Pour compléter l'état-major du vice-roi, nommons le *fan-tai*, trésorier général, et le *tao-tai*, inspecteur des préfets.

Trois catégories de villes fortifiées : les *fou*, les *tcheou*, les *hien*, qui forment les chefs-lieux d'autant de préfectures ou sous-préfectures dont les chefs s'appellent *tche-fou* ou *tche-hien*. Ceux-ci gouvernent avec l'aide d'auxiliaires ou juges de paix, les *eul-ia, san-ia*, et des maires, les *ti-pao*, nommés par eux.

Concussion et vénalité : voilà ce qui résume l'esprit de la magistrature chinoise, — nous voulons surtout parler des préfets et des sous-préfets ordinaires, les grands mandarins ayant un traitement considérable et assuré qui leur permet une probité et une honnêteté relatives. — Comment pourrait-il en être autrement? Depuis un demi-siècle environ on ne paye pas les magistrats inférieurs ou on les paye d'une façon dérisoire. Il faut vivre et faire vivre une foule de gens autour de soi; ce sont les *cent-familles, pé-kia*, le peuple, qui fourniront les subsides.

En Chine, les lettrés sont tout et font tout; ils jouissent d'une autorité sans égale. On sait qu'ils possèdent la science, — la science chinoise, — et que, d'un moment à l'autre, ils peuvent être portés au pouvoir ; on plie les épaules devant eux, et le « grand vieux monsieur » passe, au milieu de ses concitoyens, avec la majesté et l'orgueil d'un demi-dieu, maniant l'éventail, tirant des bouffées de sa pipe, branlant la tête d'un air suffisant, citant des proverbes et des textes, donnant des conseils et mangeant à tous les râteliers.

Pour le missionnaire, — souvent le seul Européen qui habite dans ces provinces reculées, — ce bonhomme-là joue le rôle des pharisiens et des docteurs de la loi juive vis-à-vis du Christ; aussi comme lui le missionnaire peut les appeler des sépulcres blanchis et a-t-il à les démasquer parfois, mais non sans danger.

Les lettrés entourent leur grand frère, le mandarin. Celui-ci est arrivé par eux grâce au *kouan-houi,* à « l'association des prétendants au mandarinat ». Ce n'a pas été une chose si commode : il a fallu réunir les fonds, à force d'adresse et de rapine ; un siège de sous-préfet représente comme somme à verser deux mille cinq cents taëls au moins, et le taël vaut environ huit francs ; maintenant il y a de nombreux cadeaux d'anniversaires et de jour de l'an qui représentent bien davantage ; enfin le magistrat doit donner des places et de l'argent à tous les associés qui fondent sur lui aussitôt qu'il est nommé à un poste. Pauvre paysan, va ! c'est toi qui payeras tout cela, et les beaux habits de soie, et l'opium et les tasses de vin chaud, et le reste.

X

LA VIE D'UN MANDARIN

Il faut bien que le préfet remplisse son mandat; aussi siège-t-il souvent au tribunal ; nous l'y verrons tout à l'heure. Mais après ? Après c'est le délassement, le repos, la distraction, que la langue chinoise définit d'un seul mot : *choa*. Un Européen ne se contenterait pas de ce *choa :*

c'est le déjeuner, le dîner, le souper, les trois repas traditionnels, servis toujours de même : le riz, l'eau-de-vie brûlante et les petits plats. Hum ! Dieu vous garde d'accepter à dîner chez un mandarin ! Qui sait ? Vous vous trouverez peut-être en face de ce Lieou dont parle le Père Huc dans son livre sur la Chine, — le modèle du genre. — Son nom signifiait *saule,* et le Père l'avait surnommé « saule pleureur », parce qu'il avait des yeux bombés qui larmoyaient tout le temps. Ce n'était pas ragoûtant ; mais si le bonhomme, pour vous faire honneur, de ses propres bâtonnets d'ivoire saisit délicatemeut une tranche d'œuf pourri et verdâtre et la dépose sur votre tasse de thé, oh ! alors...

Après le repas, on fumote dans la pipe à eau, on boit du thé, on grignote des fruits secs ou des pépins de citrouille, on s'évente, on sommeille et on reçoit des visites. Assis sur le divan en laque dans le *ké-tang* ou salle des hôtes, on consulte l'Annuaire ou « livre des places », et on se lamente en compagnie sur les injustices et les ennuis de la vie publique.

De temps à autre, on se rend dans une pagode ou un *kong-kouan,* — palais communal, — en grande pompe, dans un beau palanquin, abrité sous le parasol d'honneur, entouré de la *ma-kouai* ou des satellites du tribunal, qui frappent sur le gong retentissant. La foule s'écarte et vous admire.

Puis, arrivé dans ces lieux de réjouissance décente, comme il convient aux magistrats austères et intègres, on monte les larges degrés de pierre, on s'installe sous les ombrages des grands arbres séculaires ou dans les vastes salles, au milieu des meubles en laque, des tablettes murales peintes en beaux caractères dorés, des bronzes antiques, des vases de porcelaine où croissent des arbustes aux formes bizarres, représentant des chiens et des dragons, et encore et toujours *choa, choa;* on fait des jeux de mots, on compose des poésies, on reçoit ses amis.

« *Tsin-tso*... Asseyez-vous donc, je vous y invite.

— *Pou-kan-tang*... *Pou-kan-tang*... Je n'ose pas, je n'ose pas.

— *Tsin tche tcha... Tsin tche yen...* Je vous invite à manger le thé, à manger le tabac (boire et fumer).

— *Pou-kan...* Je n'ose...

— *Tsin-chan...* Je vous invite à vous servir de votre éventail.

— *Pou-kan!* Oh! je n'ose...

— Asseyez-vous donc du côté du Sud (c'est le côté le plus honorable).

— Oh! jamais de la vie!

. . . .

— Vous partez?

— Oui, je vous supplie de ne pas assister à une action qui n'est pas respectueuse (monter en palanquin).

— *Man-man-tseou...* Allez lentement. »

Une bonne aubaine pour le mandarin, c'est la nouveauté; la visite d'un missionnaire, par exemple, pourvu que celui-ci ne vienne pas le trouver pour une affaire litigieuse, car il n'est rien de plus désagréable pour le magistrat que ces affaires-là à traiter. Quant au missionnaire, qu'il prenne bien ses précautions, lui, car on finira par lui monter sur le dos, s'il devient trop familier. J'en ai connu un qui passait une partie de son temps à raccommoder les pendules de son noble ami, et il dut employer toutes les ressources de sa diplomatie pour refuser de se marier avec la charmante fille du préfet du lieu.

« Mais je suis condamné au célibat par ma religion, vieux frère.

— Ça ne fait rien, va! prends-la donc; jamais je n'aurai un gendre comme toi, qui connaîs si bien les arts mécaniques! »

Les Chinois sont comme les Prussiens, ils raffolent des horloges.

Somme toute, la vie du mandarin est agréable. Gare à lui s'il en prend trop à son aise! On se plaindra au vice-roi; on pourra aller jusqu'à mettre son palanquin en pièces. S'il n'a pas trop pressuré ses administrés, quand il quittera son poste pour aller ailleurs, les notables lui offriront, en témoignage de reconnaissance, des parasols de soie rouge avec ses noms inscrits sur l'étoffe, en lettres d'or. A la porte de la ville on lui retirera ses bottes pour les suspendre à la voûte; on lui en offrira de nouvelles, et on l'accompagnera assez loin avec musique et pétards.

Quelle est la religion de ces élégants lettrés? Quelles croyances ont-ils? Aucune, j'en suis convaincu. Le premier jour de la lune et dans quelques autres circonstances, le préfet se rend à la pagode du grand Confucius; il descend de son palanquin devant le grand portique, fait trois génuflexions et frappe neuf fois la terre avec la tête.

Devant lui s'étend une grande cour carrée au fond de laquelle se trouve le principal corps du temple, avec une grande salle, un autel et, sur l'autel, non pas une statue, mais une immense tablette portant l'inscription suivante :

Siège spirituel du très parfait et très saint maître Confucius.

On offre devant cette tablette un buffle, un mouton, des étoffes de soie, du riz et des fruits, et pendant la cérémonie, dans les galeries latérales, on joue des airs religieux sur les flûtes sacrées. C'est là toute la religion du mandarin sceptique.

Durant ce temps-là, le Fils du Ciel, l'Empereur, monte au temple de *Che-in-Kong*, le « Temple du temps propice », et fait au « Ciel impérial » cette prière, en forme d'examen de conscience :

« Ai-je été irrévérent dans les services religieux? Y a-t-il dans mon cœur quelque orgueil que j'aie caché ou encouragé? En m'occupant des affaires du gouvernement ai-je commis quelque négligence? Ai-je manqué de diligence ou d'énergie? Ai-je été guidé par la justice et l'impartialité dans la distribution des récompenses ou l'application des châtiments? En élevant des monuments publics, des mausolées et des jardins, ai-je opprimé le peuple et gaspillé la fortune publique? En nommant des mandarins, ai-je fait un mauvais choix et ai-je éliminé ceux qui oppriment mes sujets?

« Humiliant ma tête devant toi, je te supplie, ô Ciel impérial, de hâter la précieuse faveur que j'implore de toi, etc. »

Et nunc erudimini, qui judicatis terram!

XI

LE MANDARIN AU TRIBUNAL

C'est le matin. Le mandarin est assis dans la grande salle des audiences, au fond du prétoire, sur une estrade, derrière une table recouverte de drap rouge. Sur la table, on a placé les pinceaux et les godets d'encre, les pièces de procédure, le sceptre de justice et le rouleau de soie jaune renfermant le décret impérial qui a nommé le juge. Contre la muraille on voit des faisceaux de lances ornées de franges vertes et des instruments de supplice, haches, fouets, rotins et semelles de cuir, pour frapper la bouche et briser les dents.

La cangue.

Autour du juge on remarque les employées, les *tche-ie,* secrétaires ; les *taï-chou,* avoués ; les *men-chan,* portiers ; les *ou-thsouo,* médecins légistes, enfin, les satellites et les bourreaux ; ils sont légion et ils aiment tellement l'argent, que le proverbe dit : « Si les sapèques tombent entre les mains des satellites, c'est comme si l'agneau tombait dans la gueule du loup, *Tsien lo tchay cheou-yang lo hou keou.* » Le proverbe dit, du reste : « Les mandarins en face des sapèques sont comme des sangsues à la vue du sang. *Kong jen kien tsien jou tsang yu kien hiue.* » Là-bas, voyez-vous dans l'ombre, sous les galeries, devant la prison et le « hangar des instructions préparatoires », ces mines

Le tribunal du mandarin.

patibulaires émergeant au-dessus de la lourde table de bois, la cangue? Ce sont les prisonniers en prévention.

On a amené l'un d'eux devant le tribunal ; on l'interroge, il ne répond pas.

« Attends, tu vas parler ! » crie le mandarin.

Il jette à terre un jeton de bambou sur lequel est écrit le chiffre 20. Les bourreaux le ramassent, lient au patient les pieds et les mains et se mettent à le frapper en chantant. Le malheureux parle, ou bien il a donné de l'argent : dans ce cas on le ménage ; la main est moins dure.

On m'a raconté une fois qu'un voleur, pendant la bastonnade, avait abusé ses bourreaux, le misérable! On tapait ferme; alors le patient passe la main derrière son dos et montre ses cinq doigts crochus.

« Bon! disent les satellites : c'est cinq ligatures, peut-être cinq taëls. Ménageons-le. »

Le lendemain ils passent à la caisse.

« Qu'est-ce que vous voulez? s'écrie le malin Céleste. Je ne vous ai rien promis du tout, œufs de tortue! Ah! mes cinq doigts. Je voulais vous dire que si je pouvais vous arracher les yeux avec!.. »

Ces malfaiteurs chinois sont parfois d'affreuses canailles dont on est heureux de se débarrasser. Voici comment se passe une exécution.

La veille, la dépêche impériale de condamnation est arrivée, clouée solennellement entre deux planchettes. Vêtu d'un simple pantalon rouge, on place le misérable dans un palanquin non couvert, les mains derrière le dos, et l'escorte, présidée par un mandarin militaire, du grade de capitaine, le conduit au dehors de la ville au lieu des exécutions. Un peu avant le supplice, on l'enivre en le faisant boire dans une taverne; puis on tire un coup de canon, on lit la sentence d'exécution, collée toujours sur une planchette, et, ayant fait agenouiller le criminel, on le décapite au moyen d'un sabre lourd et large.

On se demande souvent en Europe, pourquoi, ces malheureux Asiatiques gémissent sous des lois aussi dures et sont livrés au plus épouvantable arbitraire. Il y a une raison de cela qui est toute simple et qui montrera l'intelligence des anciens législateurs. Le Chinois, n'ayant aucune croyance religieuse, est maintenu dans l'obéissance aux lois par le sentiment du devoir; pour les sceptiques et les positivistes, la loi morale est peu de chose, la loi pénale est tout; ils auront peur des coups de bâton, et la société se maintiendra tant bien que mal. Il y a déjà bien longtemps qu'elle va ainsi.

Et puis cette loi favorise singulièrement le juge. Que dire, par exemple, de cet article du code : « Quiconque tiendra une conduite qui blesse les convenances et telle qu'elle soit contraire à l'esprit des lois, sans qu'elle dénote une infraction spéciale à aucune de leurs dispositions, sera puni au moins de quarante coups, et il en recevra quatre-vingts, quand l'inconvenance sera d'une nature plus grave »? Avec ce texte on peut aller loin.

Les mandarins, en effet, ont maintes fois été très loin. Quand on se plaignait en haut lieu, on recevait une réponse, comme celle-ci de l'empereur Khang-Hi :

« Le nombre des procès augmentera dans des proportions effrayantes si on n'a pas peur des tribunaux et si on est assuré d'y recevoir toujours bonne et exacte justice. Que ceux donc qui y auront recours soient traités sans pitié. De cette façon on tremblera d'avoir à comparaître devant les magistrats, et quand on aura des difficultés on les soumettra à l'arbitrage des notables et on s'arrangera en frères; autrement on sera écrasé par le juge, et ce sera bien fait. »

XII

LE MANDARIN NOUVEAU STYLE

C'est le progressiste. C'est un de ceux-ci :

« Juin 1893. Le gouverneur du Turkestan chinois, S. E. Kao, propose à l'empereur de fonder dans sa province un arsenal à l'européenne,

— Le vice-roi de la province de Kouang-Tong (Canton), S. E. Ly, a créé des monnaies d'argent sur le modèle des monnaies européennes, en suivant le système décimal français.

— S. E. le maréchal Ki-Ling, dans la Mandchourie centrale, vient de présenter un rapport à l'Empereur, constatant de grands progrès dans les exercices militaires à l'européenne.

— Le *tao-tai* de *Tchong-Kin* (Se-Tchouan), S. E. Ly Choun-Tchai, a autorisé un jeune chimiste chinois à faire circuler dans le commerce l'or qu'il a su extraire des lingots d'argent.

— Octobre 1893. Le vice-roi du Kouang-Tong, dans un rapport à l'Empereur, dit qu'il a dépensé environ deux cent mille francs, depuis deux ans et demi, pour organiser la défense des côtes suivant la méthode européenne et pour établir une école de torpilles.

— On vient de présenter une voiture de petit modèle, marchant au moyen de l'électricité, au vice-roi du Pé-Tché-Li, S. E. Ly. Elle a été achetée en Europe ; on l'a fait fonctionner devant le vice-roi, qui l'a trouvée merveilleuse. On verra si l'on peut en tirer parti. »

O tempora, o mores! Si le très parfait et très saint maître Kong-Tse revenait à la vie, il serait bien étonné en face de toutes ces innovations !

XIII

DANS LA CAMPAGNE

C'est un pays mignard, mignard, « pays charmant, » comme dit l'opérette, sans qu'elle se doute qu'elle dit aussi vrai, et à chaque pas ce sont des coins ravissants. Vous avez vu, Parisiens, aux vitrines des magasins de jouets, au *Nain bleu* ou au *Paradis des enfants,* ces maisonnettes en bois, coiffées de minuscules toits rouges ou jaunes, ces arbres lilliputiens, ces petites pelouses grandes comme la main, ces moutons gros comme une souris ; c'est à travers un paysage *joujou* comme celui-là que vous avancez gravement, porté sur les épaules de trois *coolies* dans votre palanquin ; toutes les demi-heures un monticule rocheux vous barre la route, — une route dallée d'un mètre de large — et à travers les bambous, — cet arbre joliet — et le long de cascades minuscules, vous voyez se dresser un escalier de pierre, avec cinquante des paliers pour le repos, — car il y a cent ou cent çà et là degrés. De temps en temps, sur la rampe, un lion ou un hippogriffe qui tire une langue menaçante.

En haut, entre des arbres de belle venue, un adorable temple aux murs peints, aux toits ajourés, recourbés et superposés. C'est la pagode champêtre, et les bonzes, à la tête rasée et aux habits gris flottants, vous attendent sur le seuil, avec leur tasse de thé, pensant bien que vous la payerez deux fois son prix. Mais ce qui ne se paye pas c'est la vue. Oh! combien merveilleuse! sur les bosquets d'alen-

Paysage chinois.

tour et le grand réseau des rizières, où les Célestes, retroussés jusqu'aux reins, la queue roulée autour du crâne, dans l'eau jusqu'à mi-jambes, conduisent leur charrue primitive en poussant devant eux un gros buffle rude et noir.

Et le long de la route dallée — un sentier qui serpente, monte et descend, — on voit se profiler à la queue-leu-leu d'innombrables bandes de porteurs faisant leur *ha-ha!* et pressés d'arriver à la ville prochaine.

Le grand réseau des rizières!

Ah! c'est que le riz est la céréale par excellence en Chine, et c'est sa principale culture, surtout dans les provinces méridionales et centrales, où l'on fait deux récoltes par an.

Le champ est inondé avant le labour, et il s'y dépose une couche de limon de quinze à vingt centimètres d'épaisseur; la charrue, sans avant-train, ne retourne que cette couche. Après le labour, le hersage pour égaliser le sol, et le laboureur, placé sur la herse, pèse de tout son poids pour la faire pénétrer dans le limon.

Ainsi préparée et recouverte d'eau à une profondeur de huit centimètres, la terre reçoit les jeunes plants de riz, tirés de la pépinière voisine, par petits paquets de douze. Un premier laboureur les répand par terre çà et là; un second, qui le suit, creuse avec la main de petits trous, disposés en lignes droites et séparés les uns des autres par des intervalles de trente centimètres; dans chaque trou on met alors un paquet de plants, aux racines couvertes d'un limon fécondant.

Et ils vont vite ; vite... *Times is money !*

La première récolte du riz a lieu en juin-juillet; la seconde en novembre.

L'eau, l'eau, voilà la condition nécessaire pour cultiver la précieuse céréale. Aussi comme ils sont ingénieux pour les irrigations !

Ils tirent parti de tout, tantôt des sources naturelles, tantôt des puits creusés par eux, tantôt des fleuves et des rivières si nombreux dans le pays, tantôt des étangs et des réservoirs artificiels.

Et depuis longtemps ils connaissent les machines hydrauliques; dites maintenant qu'il n'y a pas d'ingénieurs chinois !

Voici un puits qu'on a creusé. Sur la margelle on a dressé un levier, dont une extrémité supporte une pierre et l'autre un sceau ; le sceau est abaissé, rempli, et le contenu va se déverser dans le champ en contre-bas, ou dans une rigole élevée qui va trouver les rizières étagées plus haut.

Voici une rivière. Sur le bord, une auge ou réservoir. Dans le réservoir une pompe à chaîne, composée d'une série de planchettes superposées en chapelet. L'eau s'élève jusqu'à la rive.

Le moteur maintenant :

Le laboureur se tient à l'intérieur d'une grande roue et lui imprime un mouvement de rotation avec les pieds. Il a l'air de courir. C'est la roue à pied.

Ou bien il travaille assis, avec les jambes. C'est la roue à jambes.

Ou bien il imprime le mouvement avec la main. C'est la roue à main.

Ou bien il a attelé son buffle à la machine. C'est la roue à buffles.

Jeunes et vieux travaillent ensemble, foulant la roue, appuyés sur la balustrade de bambou et criant leur *ha, ha!* Les petits de six ans font aller les chapelets avec la main déjà calleuse. Les femmes frappent des mains en cadence pour rythmer le pas des hommes.

De la grande roue de vingt à trente pieds de diamètre, mise parfois en mouvement tout simplement par le courant du fleuve, l'eau monte et se déverse dans des aqueducs qui la portent à une autre roue, puis à un autre aqueduc et va parfois à cent mètres de là.

Ah! l'eau! s'il n'y avait pas d'eau en Chine, la Chine n'existerait pas.

C'est que l'eau ne nourrit pas seulement le riz, mais elle nourrit et abrite une incalculable et prodigieuse quantité de poissons de toutes les formes et de tous les goûts, qui à leur tour servent d'aliments au laboureur.

Et le laboureur n'est pas difficile, allez! il mange de tout.

Il n'y a pas que le Parisien qui aime la friture...

Premier tableau chinois.

XIV

DANS LES RUES D'UNE VILLE

Cette ville la voici, s'étalant sous le ciel clair, au bord d'un grand fleuve aux eaux troubles, couvert de grosses jonques à la proue relevée, aux larges voiles de nattes et montées par des équipages de cent rameurs comme les antiques galères. Ceintes de ses vieilles murailles crénelées, au-dessus desquelles se dressent orgueilleusement les pavillons des grandes pagodes et des *yamen*, qui sont les tribunaux des mandarins, elle a encore grand air, la cité chinoise, surtout si, appartenant à la première ou deuxième catégorie, elle est annoncée par la tour à dix étages qui ressemble à un phare et n'est qu'un ornement.

Entrons en passant sous ces voûtes sombres. Vous pourriez faire attention à la collection de bottes en soie suspendues là-haut et m'en demander la raison. Je vous répondrais que ce sont les chaussures des préfets débonnaires dont le peuple a eu à se louer; on les leur a enlevées quand ils partaient pour un autre gouvernement, en les remplaçant par des neuves. Étrange et constante coutume ! Vous pourriez crier d'effroi en voyant à côté, dans des cages de bois, les têtes sanguinolentes des derniers suppliciés d'hier, mais la cohue est telle que vous ferez bien de veiller sur vous.

Qui frappe l'air, bon Dieu! de ces lugubres cris?

Le tapage est assourdissant : les mendiants, à moitié nus, sont couverts d'un méchant paillasson et vous demandent l'aumône d'une sapèque, — qui vaut un demi-centime, — les porteurs vous prient de vous garer, les marchands vous sollicitent, les soldats vous injurient. Disparaissez vite, vite, surtout si vous êtes revêtu du ridicule costume européen. Tous alors vous montrent du doigt et éclatent de rire.

Pourquoi aussi n'avoir pas pris l'habit du pays? Je l'ai bien fait, moi qui vous parle, et m'en suis bien trouvé. On vous eût apporté alors une élégante robe de laine ou de soie bleue, se boutonnant sur le côté au moyen des cinq boutons réglementaires en cuivre ciselé, le court pardessus aux larges manches, les bas de coton blanc, avec les souliers brodés aux triples semelles, la calotte de soie noire rigide. Mais il eût fallu tendre aussi, comme moi, votre tête au barbier, qui vous eût rasé complètement, à part l'endroit d'où pend la queue, le signe de la servitude imposé par les conquérants mandchoux.

Regardez le beau commis de magasin, le gros négociant, le malin lettré qui passent à côté de vous maniant l'éventail avec dextérité, fumant la pipe à eau avec habileté, portant solennellement sous le bras le gros parapluie vert en papier verni : ce sont des types accomplis de dandys, et ils le savent...

Dans la ville nul boulevard, nulle promenade, mais les

Dans les rues d'une ville chinoise.

longues files des interminables rues bordées de boutiques, d'échoppes et de tablettes de laque noire portant en gros caractères dorés les noms des marchands. Et sur le tout une poussière dense et une fumée âcre dont l'odeur vient s'ajouter à l'horrible relent des pourritures amoncelées.

Deuxième tableau.

XV

UN INTÉRIEUR — REPAS — LA FEMME

Je vous conduis dans l'intérieur d'une maison bourgeoise et, comme vous mourez de faim, je vous y ferai servir quelque rafraîchissement. Dans cette rue, à droite, plus de boutiques, mais de hautes murailles de briques se suivant sans interruption. Une fois la haute porte franchie, nous voici dans une petite cour; à droite et à gauche, des chambres de domestiques; en face, le principal corps de logis, tout en rez-de-chaussée, non plafonné. Il se compose d'une vaste salle, le *ké-fâng,* la pièce des hôtes, qui sert à la fois de salon et de salle à manger.

C'est le salon puisque voilà au fond contre la muraille un grand divan en bois à deux places, avec au-dessus la tablette où sont inscrits les noms des ancêtres et devant laquelle on brûle des bâtonnets d'encens, au premier jour du mois. C'est la salle à manger, car sur cette table laquée, au milieu, on dressera le couvert tout à l'heure. Patientons. Des deux côtés de la salle s'ouvrent des portes qui donnent accès à autant de chambres. Un voile brodé flotte dans l'embrasure et vous apercevez de temps à autre au milieu des draperies une tête brune aux cheveux arrondis en forme de coque et transpercés de longues aiguilles d'argent. Vous avez devant vous, à distance respectueuse, des dames chinoises.

N'essayez pas de leur faire des politesses. Vous seriez incompris. Et c'est encore dans l'ordre moral une chose stupéfiante que cette négation du sentiment sur une aussi immense étendue de la planète. Pauvres petites Chinoises esclaves et soumises! C'est leur accoutrement à elles qui est bien ridicule ! Une robe plus courte que celle de messieurs leurs maris, des bandelettes autour des jambes, et les petits pieds légendaires, estropiés, signe du servage que les dames tartares n'ont certes pas gardé pour elles et qui les oblige, — les Chinoises, — à marcher, chancelantes et avec l'aide d'un bâton.

Cachées là à moitié, derrière les portières de coton brodées, elles vous examinent curieusement et craintivement, et tout à l'heure elles iront par derrière ces cours ornées de petites plantes et d'arbustes rabougris, affectant des formes d'animaux fantastiques, elles iront jacasser entre elles, se disputer, grignoter des graines de pastèques, fumotter la pipe à eau ou travailler près des petites fenêtres carrées aux vitraux de papier blanc.

Un vieux Chinois.

Elles ne paraîtront point aux repas de gala, ni aux visites, ni aux réceptions ; leurs seigneurs et maîtres en feront tous les frais réglés par la plus scrupuleuse étiquette, observant bien le rite et les formules de langage, avec les trois salutations. Si c'est la première et la plus usitée : les deux mains rapprochées vers les genoux et portées au front avec un ordinaire *Kong-hy-fa-tsay :* « Bonheur et fortune ! » Si c'est un égal, la génuflexion avec le *pou kan tang, pou kan tang :* « Je n'ose vraiment pas »; si c'est un supérieur à qui on a affaire, la grande prostration avec quelque chose comme ceci : *Ta lao yé, siao jen tsin tso :* « O vieux grand monsieur, le tout petit t'invite à prendre place. »

Alors sur la crédence, au milieu du grand canapé de bois, on apporte le thé servi sans sucre, dans des tasses sans anses et toujours la pipe à eau, *chouy yen tay*, et la conversation se poursuit entre les deux principaux interlocuteurs, pendant que leurs amis ou leur suite, assis sur des fauteuils de rotin recouverts de pièces de drap rouge, boivent pareillement, fument et se font mille grâces.

L'heure du repas a sonné. A la table carrée, sans nappe, quatre convives prennent place, quelquefois moins de quatre, jamais plus. On apporte un plateau à compartiments, chargé de sucreries et du thé.

Les convives saisissent avec ensemble leurs tasses, s'épient des yeux et se gardent bien de boire l'un avant l'autre; ils le font à petites gorgées, comme il convient à des gens bien élevés.

Cependant on a enlevé le dessert, par lequel on commence toujours, et on a servi sur le plateau les neuf bols réglementaires.

Il y a de tout là dedans; du porc bouilli, de la volaille désossée, du fromage de fèves, des œufs pourris artificiellement, des nids d'hirondelles, du chien, du poisson sec, des tiges de bambou; ni bœuf par exemple, ni mouton, ni veau. Pas de pain, pas de vin. Tout est découpé à la cuisine, et on n'a qu'à piquer librement dans les plats, à l'aide des bâtonnets d'ivoire; en guise de pain, on pousse de temps en temps un peu de riz dans la bouche; le riz est à volonté. Et les domestiques ne cessent de remplir vos petits verres d'eau-de-vie brûlante, tandis que l'amphitryon vous excite à boire ferme. — *Tsin tche, lao yé, tsin y pei.*

Troisième tableau.

En définitive que font tous ces gens-là? — Eh bien, je vous l'ai déjà montré : c'est un peuple laborieux d'artisans et de laboureurs qui travaillent longuement et patiemment. La Chine est couverte de cultures; l'irrigation des rizières a atteint la perfection, avec des moyens pourtant fort simples; les villes regorgent d'ouvriers en tous genres; le commerce est en honneur; la production et l'échange sont incessants.

Les écoles sont nombreuses; tous les enfants les fréquentent, — je ne parle que des garçons, bien entendu. — Il n'est pas une pauvre chaumière ou une misérable barque sur le plus petit fleuve, où vous ne rencontriez une écritoire et un pinceau. Les lettrés pullulent en Chine. Or c'est précisément de ce pinceau et de ces lettrés que vient tout le mal. Conçoit-on un peuple qui apprend à écrire pendant toute sa vie? La langue chinoise possède *quarante mille* lettres ou caractères...

Qui arrive jamais à les connaître pleinement? On en sait dix ou quinze mille, et avec cela on arrive à comprendre la moitié d'une page, on devine le reste. Les lettrés pourtant dévorent les livres des nombreuses bibliothèques; mémoires, histoire, poésies, philosophie, romans. Ils écrivent et composent eux-mêmes en se servant du pinceau et mettent des heures à former les compliqués caractères. Les malheureux! Ils ne voient pas qu'un alphabet de vingt-cinq lettres leur ferait faire des pas de géant!

XVI

CE QUE JE FAISAIS EN CHINE

Enfin j'arrive dans la portion de territoire qui m'a été assignée : quelque chose comme quatre ou cinq départements de France, avec deux villes principales, gouvernées chacune par un sous-préfet. Je ne résiderai pourtant pas là, mais bien habituellement dans un gros bourg appelé *Long-chouy-tchen,* la *ville du dragon-d'eau*. Il y a là cinq cents chrétiens, des gaillards qui n'ont pas froid aux yeux et savent se faire respecter. Ils m'accueillent à grands coups de bombardes. Ils n'ont guère peur des païens, qui sont plusieurs milliers.

Sur les bords d'une petite rivière voici mon presbytère, où on accède par un escalier et un portail surmonté d'un auvent; derrière, un jardin, qui est un petit parc. Au fond, la maison, avec un grand salon au milieu et deux chambres de chaque côté du salon. A gauche de la maison, l'oratoire.

Sur le seuil, les deux chefs de la mission ou *catéchistes*

me reçoivent; l'un est un marchand d'instruments en cuivre, l'autre un changeur qui vous donne des *sapèques,* valant un demi-centime la pièce, pour des *taëls* ou globules d'argent, qui valent huit francs environ.

C'est bien! Je prononce la formule : Que Dieu vous bénisse! *(Tien tchou kiang fou gy men!)* et vais faire ma prière à l'autel construit tout au fond. Le lendemain et les jours suivants c'est là que je célébrerai la messe et que j'entendrai désormais chanter, d'une façon si douce, ces mélodieuses prières chinoises qui font venir les larmes aux yeux.

Tsay tien go ten fou tche... ou *Chen eul fou Malya...* Le *Pater* et l'*Ave.*

Qu'est-ce qu'un chrétien chinois?

On sait très bien ce que c'est qu'un chrétien français, par exemple : c'est celui qui, étant baptisé, croit et professe la religion chrétienne. Celui-ci donc récite son *Credo* et adhère à tous les articles qui y sont contenus; de plus il pratique, c'est-à-dire qu'il prie tous les jours, qu'il va à la messe le dimanche et fait ses pâques... S'il fait cela ce n'est pas un juif ni un protestant, c'est un chrétien catholique.

Un chrétien chinois n'est pas et ne fait pas autre chose.

Comprenez-moi bien. La Chine est divisée en provinces; il y en a dix-huit. Chacune de ces provinces est divisée par nous en diocèses ou vicariats apostoliques, chaque vicariat en districts, chaque district en stations.

Il y a un missionnaire par district, lequel contient des stations plus ou moins considérables. Je vais vous en donner un exemple :

Le Se-Tchouan est une des dix-huit provinces; il contient trois vicariats apostoliques : le Se-Tchouan septentrional et occidental, — capitale de la province *Tchen-tou-fou;* — le Se-Tchouan oriental, — capitale *Tchong-kin-fouq;* — c'est le mien; — le Se-Tchouan méridional, capitale *Souy-fou.* Dans chaque vicariat on compte environ quarante à cinquante mille chrétiens, avec une trentaine de missionnaires européens et une vingtaine ou une trentaine de prêtres chinois, — précieux auxiliaires, on le saisit bien, car ils connaissent, eux, admirablement la langue et les coutumes du pays. Dans chaque vicariat, je dis, il y a quarante à cinquante mille chrétiens : cela fait donc un peu moins de mille pour chaque prêtre. Seulement ces chrétiens sont disséminés un peu partout; trois cents ici, quarante là, dans telle ou telle station. On dit : le district de *Ta-tsiou-hien,* qui est une sous-préfecture de second ordre, et la station de *Long-chouy-tchen,* ou la station de *Ma-pao-tchang.*

Voir tous les chrétiens de toutes les stations en peu de temps est chose impossible; vous demanderiez à un curé français de visiter toutes ses annexes, en supposant qu'il en ait dix ou vingt, il lui faudrait bien quinze jours ou un mois; en Chine les difficultés matérielles sont bien plus grandes et les distances aussi. Il faudra donc quatre ou cinq mois pour se présenter dans toutes les stations; on n'aura donc accompli la tournée complète qu'au bout de ce temps-là; on fera deux tournées par an, je suppose, et on fera faire le devoir pascal à tel ou tel chrétien, à Noël ou à l'Assomption. Et encore les atroces chaleurs qui règnent dans cette partie de la Chine pendant l'été, empêcheront le missionnaire de sortir au milieu de l'été, si ce n'est pour aller administrer un malade très pressé et très éloigné souvent. D'où il suit que les baptêmes seront administrés par les chrétiens eux-mêmes, la plupart du temps, et que la prédication évangélique aura lieu par l'intermédiaire de chrétiens chinois, qui suppléent le missionnaire. Pour les mariages de même; on les contractera souvent sans la présence du prêtre, mais mariés et baptisés se présenteront devant lui, à son passage, comme de juste, et tout finira par être vu, revu, contrôlé et sanctionné. La Chine, l'immense Chine, n'est pas l'Europe.

Néanmoins, grâce à une très bonne organisation émanant depuis longtemps des règlements épiscopaux, l'œuvre de Dieu s'opère là-bas comme ici, et les chefs de stations ou catéchistes y veillent; la bonne volonté accomplit le reste. Quand le missionnaire passe, il interroge sur la doctrine, sur le catéchisme, chacun à son tour, l'enfant et le vieillard, l'homme et la femme; il obtient généralement et presque toujours des réponses satisfaisantes, et il admet à la confession et à la communion.

Telle est la visite des chrétientés chinoises.

C'est un grand jour que celui où arrive le missionnaire. On a été le chercher en palanquin à la station voisine, qui peut être située à vingt lieues de là ; n'importe ! Il descend chez le plus fortuné, chez celui qui est susceptible de lui donner l'hospitalité la plus convenable ; il y a toujours là une salle des hôtes et une table quelconque, quand ce n'est pas un véritable autel. Mettre sur la table de l'autel des linges sacrés, le crucifix et les chandeliers, est facile ; suspendre à la muraille deux ou trois images pieuses est une affaire aussi commode ; établir un grillage à travers la porte de la pièce voisine est encore une chose qui peut se faire ; la chapelle, le sanctuaire et le confessionnal sont improvisés ; on peut commencer l'exercice du saint ministère.

Et du haut du ciel parfois, les anges peuvent sourire, mais Dieu laisse toujours tomber sa bénédiction paternelle et féconde. Les païens voient tout cela, questionnent, jugent, comparent et demandent à *adorer,* c'est-à-dire à être admis. On les admet avec les précautions nécessaires.

Alors la vie chinoise commence pour moi, et quoiqu'elle soit si différente de celle que j'ai menée jusqu'ici, je m'y habitue néanmoins assez vite. C'est la visite des chrétientés et l'administration des sacrements qui prend naturellement le plus de temps ; mais tous les jours je suis à même de relever mille détails et incidents qui passeraient chez nous pour quelque chose de bien extraordinaire.

Rien que ces repas chinois, cette tasse de riz, cette tasse de thé, ces petits plats découpés à la cuisine, ces bâtonnets, cette eau-de-vie brûlante, cette pipe à eau déconcerteraient l'Européen le plus insensible. Et tenez, je vais vous ouvrir mon livre de comptes journaliers ; vous lirez par-dessus mon épaule :

Donné	au barbier qui m'a rasé la tête	38	sapèques.
—	au marchand de soie.	5560	—
—	au tailleur pour une robe et un pantalon. . .	750	—
—	au médecin et au pharmacien	140	—
—	à l'ébéniste pour huit chaises.	2000	—
—	au couvreur pour des tuiles.	4030	—
Acheté	une chaise à porteurs.	5500	—
—	six lanternes en soie rouge pour le salon. . .	6200	—
—	des souliers brodés.	700	—

Acheté des lunettes.	1 600	sapèques.
— deux pipes.	320	—
— un plumeau.	18	—
— un bâton d'encre.	32	—
— deux pinceaux.	14	—
— une livre de porc.	80	—
— une livre de sucre (cassonade)	55	—
— une once de vin de maïs.	4	—
— quarante œufs pourris	400	—
— un chien de garde.	220	—
Donné au maître d'école.	1 000	—
— à la maîtresse d'école.	1 000	—
— pour aumônes.	3 000	—
Enlevé par les voleurs.	800	—

Avec cela, ami lecteur, vous avez une idée assez complète de la vie chinoise. Que les *œufs pourris* n'excitent pas trop votre dégoût. Il y a pourriture et pourriture; ici ce n'est qu'une apparence, mais la réalité est fort bonne, je vous assure. Quant aux voleurs en Chine, ils figurent toujours au budget. Rien d'ingénieux comme ces bons larrons. Pendant la nuit vous avez verrouillé votre porte, bien; mais ils creusent la muraille en terre ou en bois, s'introduisent par le trou, et viennent prestement vous enlever vos habits et votre couverture. Vers trois heures du matin, vous avez froid, vous vous réveillez, et vous comprenez. Le tour est joué. Ils ne tuent jamais personne.

Encore un mot de la vie matérielle du missionnaire :

Sait-on ce qu'il peut avoir d'argent entre les mains?

Sait-on où va l'argent de la *Propagation de la Foi?*

Sait-on où va l'argent de l'œuvre de la *Sainte-Enfance?*

On va le savoir : Le missionnaire, en Chine, a tous les ans 80 taëls ou 640 francs de la Propagation de la Foi et 50 taëls ou 400 francs de la Sainte-Enfance.

Avec ces moyens pourtant il parvient à remuer les montagnes.

La Chine est un peuple de commerçants, d'artisans, de laboureurs et de lettrés. Regardez celui-ci : c'est un élégant lettré, peut-être un mandarin ou un apprenti mandarin, peut-être un simple bourgeois. Les uns et les autres, même les gens du peuple, sont d'une exquise politesse. Il faut voir comme on se répand en salutations et en compliments. Par exemple un de mes chrétiens m'écrira : « Depuis longtemps, j'avais formé le projet de vous envoyer quelques caractères mal formés et disgracieux; j'ai tardé un peu, et je suis évidemment le plus ingrat et le plus mal élevé des hommes. Daignez accueillir favorablement cette page minuscule et, en lisant, ne prenez point garde aux mots, mais seulement aux sentiments du cœur. Je sais ce que vous doit le tout petit pour ce que vous avez fait pour lui, pour ses parents, ses frères, ses sœurs et ses amis; je le sais et ne veux point être possédé par l'ingratitude, ce vent brûlant qui dessèche la fontaine des grâces et des bienfaits..., etc. »

Tout cela n'est rien à côté du code d'urbanité en usage dans les milieux aristocratiques. Ce peuple, vieux comme le monde, gardien fidèle des traditions antiques, ce peuple qui rappelle le mieux les époques patriarcales et celles où ses célèbres philosophes Confucius et Lao-tse, — ceux qui l'ont formé et éduqué, — se promenaient à dos de mule ou pédestrement, à travers les campagnes fleuries, en enseignant les foules, en prêchant la sagesse ; eh bien ! ce peuple est tombé dans la mièvrerie et l'affectation ; il est devenu précieux, et il se perd dans un tas de formules surannées et ridicules. Molière eût eu de quoi exercer sa verve en Chine.

Il est pourtant des choses si respectables, qu'on est plutôt tenté de s'incliner que de sourire, et pour bien donner l'idée de la politesse des Chinois et de leur profond respect pour les ancêtres et pour les morts, je ne puis mieux faire que de transcrire ici une lettre de faire part ; c'est celle que les fils de *Lao-ta-jen,* — le grand homme Lao, le bon et excellent vice-roi du Kouy-Tchéou, — adressaient à Mgr Faurie, vicaire apostolique de la même province, en 1867, après la mort de leur père.

Elle était écrite sur papier bleu, grand format, qui est la couleur du papier de deuil :

« Grand Évêque du Kouy-Tchéou,

« C'est avec la plus vive douleur que nous vous adressons cette lettre. Notre vénérable père, l'*Antique sévérité,* naquit d'une complexion délicate; dans sa jeunesse il se livra avec ardeur à l'étude, et eut sans cesse recours aux médecins.

« Lorsqu'il eut *pénétré le registre* (pris ses grades), il fut admis dans l'académie des *Han-lin* (docteurs), où il reçut la charge d'examinateur des ouvrages difficiles. Il fut ensuite envoyé comme mandarin en différentes provinces de l'empire. Cela dura trente ans. Il examinait et jugeait tout lui-même. Après s'être acquitté des devoirs de sa charge, pendant ses heures libres, il lisait sans cesse, se servant d'un petit pupitre, et cela jusqu'au milieu de la nuit.

« Nous, ses fils, sans piété filiale, nous le suppliions sans cesse de modérer ses travaux, mais notre vénérable père nous répondait qu'il avait reçu de l'empereur de si grands et si magnifiques bienfaits, qu'il était obligé de tout traiter pour ne pas éprouver de confusion dans son cœur en songeant à son ingratitude, et que du reste le travail ne le fatiguait pas.

« En l'année *Hin-Hay* de l'empereur *Hen-Fong* (1851), notre vénérable mère, l'*Antique Miséricorde,* vint à dire adieu aux aliments (mourir); ainsi notre père fut privé de son aide pour les soins domestiques; donc il demeurait dans la salle des livres, seul, nourrissant excellemment sa céleste intelligence.

« Alors moi, *Ouen-Pin,* fils sans piété filiale, quoique je fusse nommé *tao-tai* (receveur général) au *Chen-si,* je demeurai dans la maison paternelle.

« Moi, *Ouen-Hio,* fils sans piété filiale, je fus envoyé comme préfet au Kiang-si.

« Moi, *Fou-tche,* fils sans piété filiale, je reçus le grade de sous-préfet au *Tché-Ly.*

« Quant à moi, *Ouen-Tao,* fils sans piété filiale, j'ai été promu *tao-tai,* et en attendant une place, je suivis mon père vénérable dans son gouvernement du *Kouang-tong* et du *Kouang-si,* assistant à ses côtés matin et soir, et ayant ainsi la consolation de remplir les devoirs de la *piété filiale du corbeau.* (Le corbeau, dit-on, nourrit ses vieux parents.)

« En l'année *Jen Siou* (1862), sous le règne de *Tong-tse,* notre vénérable père fut envoyé en Kouy-tcheou et fit, dans le *Hou-nan,* sa patrie, une courte halte de dix jours.

« Moi, *Onen-Pin,* fils sans piété filiale, j'eus alors l'occasion de m'informer, matin et soir, de la santé de notre vénérable père. Je vis que, malgré qu'il eût traité tant d'affaires militaires, intérieures et avec l'étranger, malgré ses longs et fréquents voyages par terre et par mer, aucun signe de fatigue ne paraissait sur son visage. Je lui offrais sans cesse des remèdes pour conserver sa vieillesse. Qui aurait pu penser que le jour où je le saluais à son départ était celui d'une séparation éternelle? Hélas! hélas!

« Moi, *Ouen-tao,* fils sans piété filiale, en l'année *Y-tcheou* (1865), je vins du Hou-nan au Kouy-tcheou pour me prosterner encore une fois aux pieds de mon vénérable père.

« En l'année *Pin-yn* (1866), au printemps, je le suivis dans la province du *Yun-nan,* ravagée depuis dix ans par le fer et par le feu. Le chef des rebelles musulmans de *Y-sy* n'était pas encore chassé. Notre vénérable père restaurait tout, organisait l'armée, cherchait de bons manda rins, secourait le peuple, n'épargnait rien de ce qui lui restait de forces.

« Plus tard il ordonna à moi, *Ouen-Tao,* fils sans piété filiale, d'aller, avec un autre mandarin, chercher des secours et de l'argent au Hou-nan et de lui rapporter des habits de la maison paternelle. Pouvais-je soupçonner qu'il allait tomber, pendant l'hiver, dans une succession de maladies dangereuses?

« Ses jambes étaient devenues sans forces; il ne dormait plus, ne mangeait ni ne buvait plus; il fut atteint de la peste, le huitième jour du premier mois (12 février 1867), et le dix-septième jour (21 février), vers le milieu de la nuit, il nous abandonna et s'éloigna pour toujours. Hélas! hélas!

« Alors se trouvait près de lui notre cousin *Lao-pin-tchang,* mandarin du Kouy-tcheou, venu dans l'espoir d'être promu à une charge supérieure; il put accomplir la grande cérémonie des funérailles.

« Et nous, nous n'avons pu être là, près de lui, au moment de la mort et le déposer dans le cercueil! Quand nous souffririons dix mille morts, il serait impossible d'effacer un tel crime!

« Considérant avec larmes que le *char de l'âme* (cercueil) de notre vénérable père était loin de nous, nous avons prolongé le misérable souffle de notre existence inutile, et nous sommes accourus, *marchant sur les pieds et les mains* (bravant tout), pour transporter le cercueil à la maison paternelle. Et maintenant la paille nous sert de lit et la pierre d'oreiller. Notre âme est dans le trouble, et cette lettre est écrite sans ordre. Nous supplions humblement qu'on la lise avec un cœur compatissant. »

Avec ceci, lecteur, vous connaissez un peu mieux encore les mœurs des mandarins chinois. Ceux-ci sont bons, je le crois ; mais pour un bon, mettez-en dix mauvais.

XVII

CE QU'EST LA CHINE AU POINT DE VUE CHRÉTIEN

Voilà un peuple de plus de quatre cents millions d'habitants. A-t-il attiré l'attention de l'Église et des missionnaires à une autre époque que la nôtre? Quelle a été alors son attitude en face de la vérité? Quels sont les résultats obtenus?

Certes, une nation qui contient un nombre si considérable d'habitants n'a pas passé inaperçue de ceux qui ont pour mission d'éclairer le monde et de faire luire à ses yeux la lumière divine. On étonnera bien des gens quand on leur dira que la Chine a connu le christianisme presque dès ses commencements.

Cela n'a pourtant rien d'étonnant, quand on réfléchit que la Chine est une terre d'Asie. C'est l'Extrême-Orient ; mais Orient et Asie sont les pays choisis par Dieu pour ses manifestations sur la terre.

Un missionnaire arrive, vers 1840, dans la province centrale du Hou-pé ; il voyage par eau, — ce qui est l'ordinaire pour les courses un peu longues ; il a un pilote qui demande un congé de huit jours pour célébrer en famille la fête d'une divinité chinoise appelée *Chen-Mou,* la sainte Mère, ou *Tien-Héou,* la Reine du ciel. Le missionnaire feuillette un livre chinois appartenant au capitaine de sa jonque ; il y voit une estampe représentant un vieillard à une seule tête, mais à trois visages, avec cette inscription au bas :

Y-tchi-san. — San-y-tchi.

« Une substance, trois. — Trois, une substance. » Que peut signifier cette idole, si l'idée d'un Dieu créateur et *trine* n'est pas là? si ce n'est pas un emprunt fait aux Livres saints?

Les Chinois païens adorent une autre idole, appelée *Tamé,* qui n'est autre que l'apôtre saint Thomas, auquel on donne pour compagnon un nègre, qui l'avait sans doute suivi à son départ de l'Hindoustan; ils disent que c'est un *Sikoué-jen*, un homme de l'Occident par rapport à eux.

Le même missionnaire dit que dans la province du *Kiangsi,* quelques-uns de ses confrères avaient déterré une grande croix en fer, et lui-même a vu de ses yeux, il l'affirme, dans un temple païen une grande statue de femme, dont les pieds s'appuyaient sur la tête d'un gros serpent, tandis qu'elle tenait un petit enfant entre les bras. Derrière cette statue s'en trouvait une autre, d'égale grandeur, figurant un vénérable vieillard dans l'attitude de l'admiration, et tout autour une dizaine de statuettes représentant des personnages qui, genou en terre, présentaient à la femme et à l'enfant diverses offrandes, dont un agneau et deux colombes. N'est-ce pas là une véritable Nativité?.

Les Chinois disent que la *Chen-Mou,* c'est-à-dire *Kouangyn,* est vierge, quoiqu'elle porte un enfant entre les bras et un oiseau blanc au-dessus de sa tête, avec l'inscription suivante : « *Kio-che-tche-mou,* Mère libératrice du monde. » On a reconnu dans cet oiseau blanc le Saint-Esprit.

En 1625, dans une ville du *Chen-si,* appelée *Si-ganfou,* qui a été autrefois la capitale de la Chine, en creusant les fondements d'une maison, on trouva une table lapidaire de dix pieds de haut sur cinq de large. Une croix y était gravée avec une inscription en caractères moitié étrangers, moitié chinois.

Cette inscription et cette pierre, dont on peut voir le facsimilé à la Bibliothèque nationale, étaient le résumé de l'histoire du christianisme en Chine pendant cent quarante-six ans.

En voici des extraits :

« En l'année 635, sous le règne de *Taï-song*, fondateur de la treizième dynastie, arriva à *Tchang-gan* (aujourd'hui Si-gan-fou), un homme de grande vertu nommé *O-lo-pen* et prêtre du *Ta-sin* (l'empire romain). Il apportait avec lui les véritables Écritures. Les grands dignitaires de la cour vinrent le recevoir à la porte orientale et le présentèrent au souverain, qui l'invita à traduire en chinois les saints Livres dans la bibliothèque impériale. Après un mûr examen de leur doctrine, Taï-Song s'étant convaincu qu'elle avait la vérité pour base, la perfection pour but et la paix pour résultat, ordonna qu'elle fût annoncée à ses peuples et décréta qu'une église serait élevée à la nouvelle religion dans la capitale.

« Sous les successeurs de Taï-Song, la foi se propage rapidement dans les dix provinces de l'empire; les villes se remplissent de temples; l'État voit sa prospérité fleurir avec l'Evangile, et les familles goûtent enfin une félicité inconnue. Cependant les bonzes et les lettrés chinois, secondés par l'impératrice *Ou heou,* font une guerre de calomnies au nouveau culte. La croix penche un instant sous l'effort de leur haine; mais la main puissante de Lo-han, chef des prêtres chrétiens, la redresse et l'affermit. Un nouvel empereur, le sage Hiven-Tsong, vient à son aide : il ordonne à *Nien-Houé* et à quatre autres rois d'aller en personne visiter les églises et d'y protéger le service divin.

« Un nouveau pontife du Ta-sin apparaît à Si-gan-fou en 744. Sa présentation à la cour devient le signal de faveurs éclatantes. Le saint Sacrifice est dès lors célébré dans le palais; une inscription à la gloire du vrai Dieu, tracée de la main du prince, et suspendue à la porte de l'église, invite le peuple à s'associer à cet hommage. Tout l'empire s'incline avec respect devant la religion. »

Le monument de Si-gan-fou est daté de 781, et son inscription se termine par ces mots qui laissent entrevoir toute l'étendue de l'Église chinoise à cette époque :

« En ce temps-là, *Nin-Chou,* pontife de la loi, gouvernait la multitude des chrétiens dans la contrée orientale. »

Ce n'est pas tout; la même inscription parle d'un prince

illustre dont les œuvres indiquent clairement qu'il était chrétien :

« *Kouo-tse*, premier président de la cour ministérielle, roi de Fen-Yam et généralissime des milices du Nord, était les ongles de l'État et l'œil des armées. Il veillait surtout à la conservation des anciennes églises et à l'agrandissement de leur enceinte ; il donnait plus d'élévation à leurs toits, plus de grandeur à leurs portiques, et embellissait leurs sanctuaires des plus riches ornements, de sorte que les édifices sacrés se développaient comme se déploient les ailes du faisan qui va prendre son vol. De plus, mettant sa personne et ses biens au service de la religion chrétienne, il était infatigable aux exercices de la charité et prodigue dans la distribution des aumônes. Ceux qui avaient faim venaient, et il les nourrissait ; ceux qui avaient froid venaient, et il les habillait ; aux malades, il prodiguait les secours et l'espérance ; aux morts, il donnait la sépulture et le repos. On n'a pas ouï-dire jusqu'à présent qu'une vertu si éclatante ait brillé parmi les hommes les plus religieux. »

Un historien chinois confirme ces éloges, et dit que tout l'empire porta le deuil de sa mort pendant trois ans, comme on le fait pour un père.

Voilà la première apparition réelle du christianisme en Chine. Après, les documents font défaut ; c'est une longue nuit de cinq cents ans. Au XIIIe siècle, quand les Tartares de Gengis-Khan envahirent l'Europe, on remarqua avec surprise des croix dessinées sur un grand nombre de leurs étendards.

Le pape Innocent IV envoie, après le premier concile de Lyon, des missionnaires aux Tartares. Des franciscains pénètrent jusqu'à la tente de Gayouk-Khan, et y construisent une chapelle aux environs. Le chemin de la Chine est retrouvé, et Rome et Pékin vont faire un mutuel échange d'ambassades et de traités.

En 1271, l'empereur *Koubilaï* demande au pape Grégoire X cent docteurs de la loi chrétienne, et sollicite un peu d'huile de la lampe qui brûle devant le Saint-Sépulcre. Ce prince invoquait le Christ comme un prophète ; il baisait l'Évangile après l'avoir encensé ; il punissait les insultes à la croix ; il prenait ses ministres parmi les chrétiens.

Trois ambassades sont envoyées à Koubilaï par les papes ; la dernière a pour chef le franciscain Jean de Moncorvin. Celui-ci habite son palais, bâtit une église dans la ville de

Cambalu (Pékin), et y met un clocher et trois cloches. Il baptise des milliers de Chinois, choisit cent cinquante enfants, à qui il apprend à chanter l'office divin; c'est un véritable monastère, que l'empereur vient souvent visiter. Un roi voisin, nommé Georges, se convertit et sert la messe au religieux, revêtu de ses habits royaux. Le Nouveau Testament et le Psautier sont traduits en tartare par les soins de Jean, que le pape Clément V finit par nommer archevêque de Cambalu ou Pékin.

Je ne connais pas de plus belles pages dans l'histoire de l'Église catholique; je ne connais pas une époque ou un pays qui rappellent autant le pays et les temps des patriarches. Parmi les compagnons de Moncorvin, il en est un qui est évêque, l'autre simple religieux. Tous deux, un jour, sont assis sous un arbre; l'empereur vient à passer en grande pompe; l'évêque revêt ses ornements pontificaux et présente la croix à l'empereur, qui ôte sa couronne de perles et baise le Christ humblement; puis le simple religieux offre au monarque deux beaux fruits, et le cortège impérial reprend sa marche.

C'est à la même époque que se placent le voyage et les aventures en Europe de deux Tartares chinois, Marc-Bainiel et Ben-Çauma. Ils formèrent le dessein de se rendre près du patriarche nestorien, le chef de leur communion, qui résidait à Bagdad, et de faire le pèlerinage de Jérusalem. Après des péripéties sans nombre et neuf à dix mois de voyage, ils atteignirent leur but. Peu de temps après, le patriarche étant mort, Marc fut élu à sa place par les évêques sous le nom de Jabalaha (Dieudonné). Son compagnon, Ben-Çauma (le fils du jeûne), partit en ambassade pour Rome et les pays voisins. Il admira d'abord à Constantinople les splendeurs de Sainte-Sophie, et parvint à Rome après la mort du pape Honorius IV, pendant la vacance du siège; il fut reçu par les cardinaux. Le plus curieux de l'histoire est sa réception en France par le roi Philippe le Bel, qui ordonna à ses *émirs* de lui montrer tout ce qu'il y avait de beau en France, et lui montra lui-même le reliquaire de la couronne d'épines. Le moine chinois demeura à Paris quelque temps, et ce qui le frappa le plus ce fut l'Université avec ses trente mille écoliers et la sépulture royale. A coup sûr on ne s'attendait guère à voir ce Chinois à Paris en plein XIVe siècle!

Cependant les Tartares sont chassés de la Chine, et avec eux la religion chrétienne est proscrite. Pendant deux siècles l'Église de ce pays reste dans un silence de mort; mais voici que la croix revient non plus par le Nord, mais cette fois par le Midi, apportée sur l'Océan par les navigateurs portugais.

Ceux-ci ont opéré des prodiges de conversion et d'apostolat aux Indes, à Manille, au Japon. François-Xavier meurt dans l'île de Sancian, en face de cette Chine rêvée; mais il a montré le chemin à ses frères en Jésus-Christ. En 1582, le P. Mathias Ricci y replante la croix.

En 1600, il est à Pékin en présence de l'empereur *Van-lié,* à qui il offre des présents, et celui-ci expose dans ses appartements deux tableaux du Sauveur et de la Vierge. La tradition est véritablement renouée; le christianisme est prêché partout, à Nankin, à Chang-Hay, à Canton; le plus illustre disciple du père est Paul Siu, qui devient premier ministre.

Les Tartares parviennent de nouveau à s'emparer de la Chine, et cette fois définitivement; l'empereur Chun-Chi comble d'honneurs le successeur de Ricci, le P. Adam Schall, le nomme président du tribunal des mathématiques et précepteur de son fils Kang-hi. Sous la minorité de celui-ci, de 1650 à 1664, cent mille Chinois reçoivent le baptême.

Pendant ce temps-là, les franciscains et les dominicains évangélisaient la population du *Fo-Kien,* du *Tché-Kiang* et du *Kouang-Tong.* Malheureusement s'élève entre les jésuites et les dominicains cette controverse des rites chinois, sur la question de savoir si l'on pourrait tolérer certaines cérémonies en l'honneur des ancêtres; elle est tranchée en faveur des dominicains par le pape Benoît XIV; mais elle fait perdre un temps précieux et déconcerte les Chinois.

Une violente persécution éclate, qui fait exiler les religieux étrangers à Canton; et c'est un seul prêtre chinois, le dominicain Lopez, qui pendant trente mois parcourt et administre dix grandes provinces et baptise deux mille cinq cents idolâtres. Innocent XI, en 1679, le contraint à accepter les honneurs de l'épiscopat avec le titre de vicaire apostolique de Nankin.

La majorité de Kang-hi rend la paix et la liberté aux missionnaires, et les jésuites sont plus puissants que jamais à la cour impériale : ils rendent du reste des services inappréciables ; l'un d'eux, le P. Verbiest, construit même un parc de trois cents pièces d'artillerie. Il profite de la faveur de Kang-hi pour faire venir un grand nombre de missionnaires, parmi lesquels les prêtres des Missions étrangères, et à la tête de ceux-ci Mgr Pallu, évêque d'Héliopolis, nommé par Fénelon dans son *Discours sur l'Épiphanie.*

En 1688, sont érigés en Chine les deux évêchés de Pékin et de Nankin et les vicariats apostoliques du *Fo-Kien,* du *Se-Tchouan,* du *Yun-nan* et du *Kouy-Tcheou.*

En 1692, le P. Gerbillon obtient de Kang-si un édit, qui permet aux catholiques le libre exercice de leur religion, et en 1705, le légat du saint-siège, cardinal de Tournon, arrive à Pékin, par ordre d'Innocent XII, pour remercier l'empereur.

En 1722, la persécution monte sur le trône de Chine avec *Yong-Tching :* il y a plusieurs martyrs.

En 1784, nouvelle persécution sous *Kien-Long.*

En 1795, l'empereur *Kia-King* renchérit sur les dispositions hostiles de ses prédécesseurs.

En 1805, la persécution éclate plus terrible encore ; on saisit une carte des missions envoyée à Rome par un missionnaire et on en fait un crime politique. On fait effacer les inscriptions des églises.

En 1811, il est décidé qu'il ne restera plus à Pékin que quatre missionnaires employés au tribunal des mathématiques ou comme interprètes.

En 1814, la persécution s'étend dans tout le territoire, et, le 14 septembre 1815, Mgr Dufresse, vicaire apostolique du Se-Tchouan, est décapité pour la foi.

En 1819, le 29 août, M. Clet, lazariste, est étranglé au *Hou-Kouang.*

En 1840, M. Perboyre, autre lazariste, est mis à mort à *Ou-Tchang-Fou.*

En 1856, c'est le tour de M. Chapdelaine, des Missions étrangères, au *Kouang-si.*

En 1858, la France vient à Canton demander raison du sang de ses nationaux.

La paix, signée à *Tien-tsin,* est bientôt suivie du guet-apens de Ta-Kou; mais pour venger cette violation des traités, la France et l'Angleterre s'unissent, et après le débarquement à *Pe-than,* la bataille de *Ton-tcheou* et celle de *Pa-li-Khiao,* la prise de Pékin et la destruction du palais d'été de *Yuen-Min-Yuen,* le 25 octobre 1860, l'exercice de la religion chrétienne est reconnu libre dans toute l'étendue de l'empire par le traité de Pékin.

On peut dire que ce traité a été chèrement acheté par le sang des martyrs. On peut dire, — et on l'a vu, — que la Chine a abusé des grâces divines et méprisé le don de Dieu, et que c'est pour cette raison qu'elle offre tant d'obstacles présentement à l'évangélisation.

Néanmoins, ici comme ailleurs, les ouvriers apostoliques ne se sont point découragés; ils se sont partagé cet immense pays, ce champ qui s'étend presque à l'infini. Dans chacune des dix-huit provinces, on compte en moyenne quarante ou cinquante mille chrétiens, ce qui fait un peu plus d'un million d'adeptes, sur, hélas! plus de quatre cent millions d'habitants. Il reste beaucoup à faire!...

Voici quelle est la division ecclésiastique de la Chine en vicariats apostoliques :

Chansi septentrional	Mineurs observantins.
— méridional.	Récollets.
Chang-tong septentrional. . . .	Mineurs observantins.
— méridional	Missions étrangères de Steyl.
Chen-Si septentrional	Mineurs observantins.
— méridional.	Récollets.
Amoy.	Dominicains.
Fo-Kien.	—
Honan septentrional	Missions étrangères de Milan.
— méridional.	— —
Hong-Kong.	— —
Hu-nan méridional	Mineurs réformés.

Hu-nan septentrional.	Augustins.
Hu-pé oriental.	Mineurs réformés.
— occidento-septentrional. .	— —
— occidento-méridional. . .	— —
Kan-Sou.	Congrégation belge des missions.
Kiang-Si septentrional	Lazaristes.
— oriental.	—
— méridional.	—
Kouy-Tcheou	Missions étrangères de Paris.
Kouang-Tong	— —
Kouang-Si	— —
Nan-Kin.	Jésuites.
Se-Tchouan septentrional. . . .	Missions étrangères de Paris.
— oriental	— —
— méridional	— —
Tche-Kiang.	Lazaristes.
Tche-ly septentrional ou Pékin. .	—
— méridional-occidental. .	—
Tche-ly oriental.	Jésuites.
Yun-Nan.	Missions étrangères de Paris.
Mandchourie ou Leao-Tong. . .	— —
Mongolie centrale.	Congrég. belge pour les missions.
— sud-occidentale . . .	Missions étrangères de Scheut.
— orientale.	— —
Thibet ou Lassa.	Missions étrangères de Paris.
Corée.	— —

XVIII

CE QUE C'EST QU'UN MARTYR

Les Parisiens sont ceux qui connaissent le moins Paris. Ils n'ont pas le temps de visiter cette grande ville, ou ils se disent : « J'ai toujours le temps! » Finalement le temps ne vient jamais. J'ai connu des Parisiens qui n'avaient qu'une notion très confuse du musée du Louvre et du Luxembourg; quant au musée Carnavalet, c'est comme s'il n'existait pas pour eux; ils n'ont pas vu le trésor de Notre-Dame, ni la Sainte-Chapelle, ni les Carmes où ont été massacrées les victimes de la Terreur, ni l'emplacement de la tour du Temple, ni Versailles, ni le Trianon. Quelques-uns ont visité les égouts, — on ne sait pourquoi, — mais tous, ou à peu près, ont voulu voir les musées d'Italie, la Pinacothèque de Munich, les collections d'Amsterdam et d'Anvers et le *Bristih Museum*, parce qu'on voyage beaucoup maintenant, à l'époque des vacances, et quand on voyage on sait voyager.

Inutile donc de conseiller aux Parisiens d'aller rue du Bac, aux Missions étrangères, demander à être introduit dans la *salle des Martyrs*, où un prêtre, futur missionnaire, leur montrerait des tableaux représentant des scènes de torture atroce, des instruments de supplice et des vêtements tachés de sang. Ils n'iront pas; ils apprendraient pourtant là l'histoire. Il y a dans notre histoire nationale des noms glorieux : les Bayard, les du Guesclin, les Turenne, les Condé, les Bonaparte, les Masséna, les Ney, les Lannes, les Marceau et tant d'autres! A ces noms ils pourraient joindre les Borie, les Gagelin, les Scheffer, les Marchand, les Vénard, les Chapdelaine. Nos Parisiens les ignoreront toujours, j'en ai la ferme conviction.

Quand j'étais aux Missions étrangères, on chantait une singulière et amusante chanson :

Vivent les Missions étrangères,
Rue du Bac, cent vingt-huit, à Paris;
C'est là que le saint-père
Prend ses missionnaires,
Pour faire
Ses commissions
En mission !

J'ai entendu un jour le nonce du pape, Mgr Chigi, depuis cardinal, s'écrier après qu'il avait ouï lui-même ce couplet burlesque et touchant tout à la fois :

« Voilà la *Marseillaise* catholique! »

Le fait est que cette Marseillaise entraînait des combattants elle aussi, à la victoire et à la mort.

C'est très honorable de faire les commissions du saint-père, mais elles ne sont pas sans danger; on va le voir.

Parmi les noms que j'ai cités tout à l'heure, il en est qui ne reviendront plus sous ma plume, parce qu'ils ont illustré d'autres églises que celles de Chine : celles de la Cochinchine et du Tonkin surtout.

Nous ne parlerons que de la Chine, rien que de la Chine.

En 1746 déjà, un évêque avait été décapité au *Fo-Kien :* Mgr Pierre-Martyr Sanz, évêque de Mauricastre, Espagnol ; il avait un nom prédestiné, on le voit. Avec lui furent pris quatre religieux dominicains : les pères Royo, Alcober, Serrano et Diaz ;. ils subirent le même supplice, et, avec eux, leur catéchiste chinois.

Deux jésuites, les PP. Tristan de Attenis et Antoine Henriquez, furent traduits devant les tribunaux ; l'un était italien, l'autre portugais ; on les garda neuf mois en prison, et on les étrangla le 12 septembre 1748.

En 1785, trois évêques sont pris : deux Italiens, Mgr Magi et Mgr Saconi, et un Français, Mgr de Saint-Martin ; les deux premiers meurent en prison. De nombreux Chinois, prêtres et laïques, sont condamnés à la prison perpétuelle, à l'exil ou à la cangue.

L'édit impérial du 7 mars de cette année recommandait aux mandarins de forcer par les tourments les chrétiens à apostasier. C'était *Kien-Long* qui avait lancé cet ordre ; or, quand le cas se produit, on dit qu'il y a persécution légale, et lorsque les confesseurs de la foi sont mis à mort, devant un tribunal ou par arrêt de justice, on les appelle martyrs.

On les appelle martyrs, et ce mot dit tout : *Appellavi martyrem, prædicavi satis.*

L'Eglise jette des palmes et des couronnes sur leurs tombes ; témoins les paroles prononcées par le chef de l'Église universelle, Pie VII, au consistoire du 23 septembre 1816 :

« Parmi les preuves si nombreuses et si solides qui démontrent clairement l'origine céleste de la religion chrétienne, l'on compte avec raison la grandeur d'âme héroïque et invincible de ces chrétiens qui, non contents d'observer les préceptes de l'Évangile, en pratiquent encore les conseils, qui foulent aux pieds tous les intérêts humains et qui, enflammés de zèle pour la propagation de la foi, se transportent au delà des mers, à des distances immenses, dans des pays barbares, supportent des travaux incroyables, ne se laissent émouvoir par aucun danger, et endurent avec un courage inébranlable la violence des plus cruels tourments et la mort même plutôt que de renoncer à confesser le nom de Jésus-Christ. L'Église de Chine vient encore de se couvrir de la plus grande gloire. Parmi ses généreux confesseurs, nous devons surtout célébrer et louer notre frère vénérable Gabriel Taurin-Dufresse, Français de nation, évêque de Tabraca et vicaire apostolique du Se-Tchouan, qui pendant trente-neuf ans a rempli en Chine les fonctions du ministère évangélique. Il fut d'abord banni de l'empire, puis il rentra; il fut découvert, chargé de chaînes et conduit au prétoire. Les mandarins l'accueillirent avec les dehors d'une bonté à laquelle on ne s'attendait point; ils lui firent ôter ses fers et le comblèrent de caresses et de prévenances. Mais ce n'était qu'une bienveillance hypocrite et insidieuse : l'unique but des mandarins était de séduire par ces artifices le vénérable prélat et de l'amener à renier la foi de Jésus-Christ. En leur répondant, l'évêque saisit souvent l'occasion pour leur parler de la vanité des rites chinois, de l'innocence des chrétiens et de la vérité de la religion chrétienne. Les mandarins avaient caché dans une chambre voisine deux hommes chargés de mettre ses paroles par écrit. Ces procès-verbaux furent envoyés, en même temps que l'évêque, au vice-roi de la province de Se-Tchouan qui, n'écoutant que sa haine pour le nom chrétien, condamna sans délai le prélat à avoir la tête tranchée. Aussitôt le vénérable vieillard fut dépouillé de ses vêtements et conduit au lieu du supplice, où une foule innombrable était rassemblée. Trente-trois chrétiens y arrivèrent en même temps, entourés de bourreaux et de l'appareil effrayant des instruments de leur supplice. Refusant de renier Jésus-Christ, et se mettant à genoux, ils prièrent l'évêque de les absoudre et de les bénir. Celui-ci se rendit à leurs prières, et présenta ensuite sa tête au bourreau, qui la fit tomber d'un seul coup. Les chrétiens, eux, furent envoyés en exil. Le corps de Mgr Dufresse resta exposé trois jours sur la place, gardé par les chrétiens, qui purent enfin l'ensevelir non loin de là. »

C'est le 14 septembre 1815 qu'eut lieu le supplice de Mgr Dufresse.

Dans le même consistoire le pape fait aussi mention du prêtre chinois Augustin Tchao, dont le courage dans les tourments s'est affirmé avec éclat. Le juge l'engageait d'abord à avoir égard à son âge : il avait soixante-treize ans. Il se montra inébranlable. Alors on le frappa sur les talons à grands coups de bâton.

« Eh bien! Augustin, disait le mandarin, ton Jésus ne prend-il donc aucun soin de toi?

— Il en prend très grand soin, au contraire, répondit le confesseur, puisqu'il me donne la force de supporter de pareils tourments. »

On le frappa au visage avec tant de violence, qu'il en mourut peu de jours après.

Toujours à la même époque on vit mourir au Kouy-tcheou, pour la foi, deux autres prêtres indigènes et un laïque, Pierre Ou, très connu et très aimé. On avait dressé de distance en distance, sur le chemin qui conduisait à la place des exécutions, des tables couvertes de mets fortifiants. L'affluence était telle, qu'on ne pouvait avancer. Le mandarin, voyant que tout le monde cherchait à témoigner sa reconnaissance au martyr :

« Il ne faut pas les en empêcher, dit-il. Allons lentement. »

On eût dit que le martyr était sorti pour aller à un festin de noces.

Un autre laïque fut frappé de huit cents coups de fouet, et plusieurs autres furent à peu près traités de la même façon.

Le P. Perny, du Kouy-tchéou, raconte que sur le refus de fouler aux pieds la croix, on plaçait les chrétiens de sa mission à genoux sur des chaînes armées de pointes, le reste du corps suspendu. Les patients avaient les mains attachées à des poulies que l'on maniait en tous sens; une boîte enchâssait les chevilles et les pieds des martyrs. Au signal du juge, la machine fonctionnait; les bras, la tête se repliaient sur les pieds, sans que le corps pût tomber à droite ou à gauche; les chevilles des pieds, pressées par les planchettes, étaient aplaties. Pendant que le confesseur endurait ainsi dans ses membres des souffrances atroces, d'autres bourreaux frappaient à coups de verges sur toutes les parties du corps, en criant sans cesse :

« Veux-tu apostasier? *Ngi-pei-pou-pei-Kiao?* »

Le silence ou le refus formel du confesseur faisait continuer le supplice jusqu'au moment où il allait rendre l'âme. Alors on lâchait tout à coup la machine, on faisait avaler quelque remède au pauvre supplicié, puis on le portait presque sans connaissance dans sa prison. Là il reprenait ses sens petit à petit, mais le lendemain il fallait subir une opération nouvelle. Un jeune homme de vingt ans supporta cela jusqu'à six fois. La foule était morne et silencieuse; elle ne concevait ni le courage des uns, ni la cruauté des autres.

Apostasier? Jamais! Pendant qu'un jeune homme de dix-huit ans était frappé sur la bouche avec la semelle de cuir, son père, prisonnier aussi, lui cria :

« Laisse-toi frapper, Simon; s'il te fait mourir, tu iras droit au ciel! »

Alors le mandarin, tournant sa colère contre le père, lui fait ôter la cangue perpétuelle, le fait frapper avec des verges de rotin et enfermer dans une cage où il ne pouvait ni se tenir debout, ni s'asseoir.

Apostasier! Les juges, quand ils faisaient une pareille proposition, s'exposaient à entendre un prévenu répondre comme le catéchiste *Ou-Koué-Chen* :

« Voilà deux ans et demi que je suis dans les fers, séparé de ceux que j'aime, soumis à bien des privations, sans avoir commis d'autre crime que celui de rester fidèle au Dieu véritable que j'ai le bonheur de connaître. La sentence de mort qui vient de m'être lue a été souvent l'objet de mes vœux.

« La joie qu'elle me cause à ce moment n'a donc rien qui doive vous surprendre. Oui, demain je monterai au séjour de l'éternelle félicité. Pour toi, grand mandarin, qui as entendu de ma bouche les vérités chrétiennes sans daigner en tenir compte, un triste sort t'est réservé. Tu me suivras bientôt dans l'autre vie, et à ton tour tu y trouveras un juge implacable.

On voit par ces exemples ce que le christianisme a pu faire de ces Asiatiques et de ces Orientaux, qu'on serait trop souvent porté à accuser de mollesse et de lâcheté. La grâce de Dieu et les exemples des missionnaires les ont complètement transformés.

Je dis « les exemples des missionnaires », parce que ceux-ci sont toujours prêts à payer de leur personne et de leur sang. Nous avons cité tout à l'heure les noms des Dufresse et des Sanz; nous allons donner ceux de quatre autres Français : MM. Clet, Perboyre, Chapdelaine et Néel.

MM. Clet et Perboyre appartenaient à la congrégation des Lazaristes; le premier, âgé de soixante-douze ans, avait été dénoncé par un païen; il exerçait le saint ministère dans le Hou-Kouang, et s'était réfugié dans le Ho-nan; il y fut arrêté le 6 juin 1819, et on le ramena à la capitale de la première province. Les interrogatoires se poursuivirent selon la forme chinoise, les juges montraient à l'accusé beaucoup d'intérêt; mais l'empereur le condamna à être étranglé, et la sentence fut exécutée le 18 août 1819.

M. Perboyre, lui, qui avait été livré pour trente taëls, comme Jésus-Christ pour trente deniers, par un catéchumène, fut traîné devant le tribunal de *Ou-Tchang-fou,* capitale du *Hou-pé,* où il eut à subir vingt interrogatoires, tous accompagnés de tortures atroces. Cela dura quatre mois; on lui arracha les cheveux et la barbe; on lui fit imprimer sur le visage, avec un fer rouge, les quatre caractères suivants : *Sié-Kiao-ho-Tchun,* c'est-à-dire : Propagateur d'une religion mauvaise. Le 11 septembre 1840 arriva à la capitale le décret impérial qui le condamnait à être étranglé sur-le-champ. On le conduisit donc au pas de course à la place des exécutions, où le bourreau prit plaisir à serrer et à relâcher la corde trois fois pour donner au saint missionnaire le temps de bien sentir la mort. Un violent coup de pied dans le ventre l'acheva.

M. Chapdelaine, arrivé récemment en Chine, avait été

chargé, en 1855, par ses supérieurs des Missions étrangères d'ouvrir à la foi une province jusque-là délaissée, parce qu'on manquait de missionnaires, le *Kouang-Si*. Aidé par deux fervents chrétiens, le lettré Jérôme Lou et la vierge Agathe Lin, il avait pu baptiser un grand nombre de catéchumènes. Il fut pris une première fois par les satellites, se sauva et fut repris. C'était dans la ville de *Si-lien-hien*, sous-préfecture de seconde classe.

Le missionnaire comparut devant le juge dans la noble attitude d'un enfant de la France et d'un prêtre de Jésus-Christ. Il refusa d'humilier sa patrie en se soumettant aux basses formalités du servilisme chinois. On l'assomma de coups de bâton, et comme, rentré dans sa prison, il se remettait assez promptement et montrait de la gaieté, on l'arrosa de sang de chien pour conjurer ses maléfices et ses prétendus enchantements; puis on le soumit au terrible supplice de la *chaîne de fer*, où il était suspendu par les pouces et les cheveux, le poids de son corps portant sur les jambes qui touchaient des chaînes de fer. Enfin on l'enferma dans la *cage de station*. C'est un horrible instrument de supplice, haut de deux mètres, fermé dans sa partie supérieure par deux planches échancrées qui saisissent, en se rajustant, le cou du condamné, et le tiennent ainsi suspendu; sa tête est hors de la cage, ses pieds ne peuvent toucher le sol; ses mains sont attachées aux parois, et il meurt, ordinairement après un jour, dans les tourments de la strangulation et de la soif.

Il y vécut deux jours. Pendant la dernière nuit on l'entendit murmurer : « Oh! mon Dieu! Oh! mon Dieu! » Enfin il fut saisi de convulsions telles, qu'elles renversèrent la cage sens dessus dessous. Comme il respirait encore, le mandarin le fit porter sur la place des supplices et décapiter.

En 1857, le pape Pie IX l'avait déclaré vénérable.

Quelle merveilleuse vaillance anime ces héros! Et l'on ne sait si on doit admirer davantage ceux qui partent, ou ceux qui restent, car ceux-ci ont tant l'envie de partir! Les bourreaux avaient gardé le cœur de M. Chapdelaine, pour le manger, espérant ainsi se donner le courage de leur victime.

On avait suspendu sa tête à un arbre; les enfants la firent tomber à coups de pierre, et les chiens la dévorèrent. Il restait encore sa tresse de cheveux à la chinoise et quelques vêtements, entre autres ses bottes; on les recueillit et on les apporta à l'évêque du Kouy-Tchéou, Mgr Faurie. L'âme de l'évêque était tellement familiarisée avec l'idée du martyre que la mort de son confrère ne lui arracha pas une larme; elle fit seulement jaillir ce cri :

« Je me suis réservé en souvenir de lui les bottes avec lesquelles il a fait un si beau voyage. Puissent-elles me conduire au même terme ! »

Presque en même temps que le missionnaire on saisissait le lettré Lou et la vierge Lin.

« Quel crime commet un adorateur du vrai Dieu? disait le lettré devant le tribunal du préfet. Chaque jour il supplie le Ciel pour l'empereur et les mandarins; est-ce là un crime? Chaque jour il demande la paix pour l'Empire et la confusion de ceux qui le troublent; est-ce là un crime? Notre foi nous ordonne de payer fidèlement le tribut et de respecter tous les édits qui sont en harmonie avec les lois du Maître du ciel; est-ce là un crime? Qui peut nous accuser de vol? Avons-nous jamais diffamé personne? Notre religion n'apprend qu'à aimer Dieu et les hommes. »

On le décapite néanmoins avec deux compagnons. A cette nouvelle tous les cœurs des néophytes vibrent d'enthousiasme, et les séminaristes chinois du Kouy-Tcheou écrivent en France une admirable lettre latine :

« Que d'autres vantent l'étendue et la richesse de leurs provinces; pour nous, fiers de la véritable gloire de notre humble contrée, nous dirons : Et toi, Kouy-Tcheou, terre de la Chine, tu n'es pas la moindre des provinces de l'Empire ! Puissions-nous, un jour, recueillir la moisson fécondée par le sang des martyrs et ne point démentir par notre faute cet oracle vérifié par tant de siècles : Le sang des martyrs est une semence de chrétiens ! *Jactent alii provinciarum suarum amplitudinem et opulentiam, nos vero, de verâ parvæ nostræ provinciæ gloriâ exsultantes, dicemus : Et tu Kouy-tcheou, terra Sinarum, nequaquam minima es in provinciis imperii ! Utinam valeamus quondam messem sanguine martyrum fecundatam colligere, nec culpâ nostra evacuetur verbum tot sæculis comprobatum : Sanguis martyrum, semen christianorum !* »

Nous ne dirons plus qu'un mot des derniers martyrs du Kouy-tcheou. Le 28 juillet 1861, par l'ordre du persécuteur *Tien-ta-jen,* généralissime de la province, on trancha la tête à quatre chrétiens : Joseph Tchang, élève en théologie. Paul Tchen, élève en philosophie, Jean-Baptiste Lo, fermier du grand séminaire, et une vieille domestique du même établissement, Marthe Ouang, qui était comme la mère de ces derniers, et fut conduite au supplice parce qu'on ne supposait pas qu'elle pût se séparer de ses enfants chéris, aux besoins desquels elle subvenait sans cesse dans leur prison.

Le 17 février 1862, cinq nouveaux martyrs étaient décapités au Kouy-tcheou, dans la ville de *Kay-tcheou :*

M. Jean-Pierre Néel, missionnaire français;

Son catéchiste Jean Tchen ;

Un baptiste Martin Ou;

Le néophyte Jean Tchang, dont la maison servait d'asile au missionnaire ;

La vierge Lucie Y, appartenant à une très honorable famille de la métropole.

« Mets-toi à genoux comme les autres, commanda le mandarin *Tai-Lou-tche* à M. Néel.

— Je ne suis point Chinois ; je viens de France prêcher la religion conformément aux traités. Je suis un hôte et non un criminel; je ne me mettrai point à genoux. »

A ces mots un soldat frappa le prêtre avec une chaîne et le fit tomber à terre. Il se releva et montra son passeport.

« Connu ! connu ! fit le mandarin. Ce passeport vient de ton gouvernement, et pas du nôtre ; il ne fait pas foi pour nous. D'ailleurs il ne s'agit pas de cela : renonce à ta religion, ou je te fais tuer.

— Cette injonction est inutile. Tue-moi si tu veux.

— Tuez-moi donc toute cette canaille ! dit alors Tai-loutche, d'après la relation publiée en 1865.

— Ne te presse pas, dit au juge un de ses assesseurs. Cet homme est Français ; on ne peut le tuer.

— Tu vas voir, riposta le mandarin, qu'on peut tuer un Français aussi facilement qu'un autre. Qu'on les déshabille! cria-t-il encore, ils ne sont pas dignes de porter des vêtements. »

Le misérable donna le même ordre au sujet de la vierge Lucie. Mais celle-ci, digne émule des Agnès et des Agathe des premières persécutions, et aussi d'une autre Lucie, celle de Syracuse, dit comme elles :

« Quoi! ne respecterez-vous pas le sexe qui vous donna le jour? »

Et elle obtint de garder quelques vêtements.

Les cinq têtes des suppliciés furent attachées en faisceaux et suspendues au haut des remparts de Kay-Tcheou. Quatre jeunes chrétiens, envoyés par Mgr Faurie, allèrent une nuit escalader les murailles, couper d'un coup de sabre la corde qui retenait les précieuses dépouilles et les apportèrent à l'évêque.

Celui qui écrit ces lignes a en ce moment devant les yeux un morceau de papier chinois soyeux qui a servi à envelopper la tête de M. Néel; à côté se trouve une lettre adressée par Mgr Desflèches, vicaire apostolique du Se-Tchouan oriental à M. Rigaud, massacré lui aussi dans le district de Yeou-Yang un peu avant l'année 1870. Dans cette lettre l'évêque dit au missionnaire :

« Reposez-vous... N'entendez qu'une dizaine de confessions pour l'Assomption... Ne prêchez qu'un quart d'heure le dimanche. »

O hommes héroïques, ô saints martyrs, ô généreux apôtres! vous savez que le repos n'est pas ici-bas, et que vous ne l'achèterez que par de durs travaux et de sanglants sacrifices. Le peu de temps que j'ai passé là-bas, dans ces lieux tout imprégnés de votre souvenir et du parfum de votre vie et de votre mort, m'a fait comprendre votre âme et votre cœur. Puissé-je avoir réussi à les faire comprendre à ceux qui m'ont lu!

SCÈNES DE LA VIE CHINOISE

I

ESCULAPES CHINOIS

Je ne suis jamais plus chez moi que dans ma résidence de *Long-Chouy-Tchen.*

C'est là mon quartier général, c'est là qu'est le gros de mon troupeau : sur quinze mille habitants, j'y ai quatre à cinq cents chrétiens, — je donne un chiffre approximatif, parce qu'il y a chrétiens et chrétiens; les adorateurs et les catéchumènes sont bien une centaine. — Mais tous ces gens-là se serrent les coudes et ne se laissent point marcher sur le pied; aussi les païens ont-ils pris le parti de les respecter. Tout va bien.

Les deux catéchistes ou chefs de station sont deux bourgeois assez cossus. L'un s'appelle Ly, l'autre s'appelle Hoang; le premier est négociant, il vend des ustensiles de cuivre; c'est une sorte de quincaillier; le second est un changeur, on lui remet des *taëls* d'argent, et il vous donne à la place des *sapèques*, pour les menues dépenses; nous l'avons vu, plus haut.

Hoang est un monsieur très bien; il a du sang-froid, du jugement et un tantinet d'orgueil; au demeurant, un homme solide et universellement estimé. Ly est habile et retors, un peu intrigant et flatteur.

Je vois arriver l'autre jour dans la salle des hôtes, — le

salon ou pièce principale, — deux hommes avec des corbeilles qu'ils déposent à mes pieds. Ly les suivait.

Au fond des corbeilles s'enroulaient des serpents métalliques, des *ligatures de sapèques;* chacune en compte mille, ce qui fait cinq francs, et les sapèques qui ont un trou carré sont enfilées en chapelet par cent.

« Que veux-tu que je fasse de tout cela?

— Le père spirituel en fera des aumônes.

— Oh! alors...

— Le père spirituel dira des prières pour moi.

— Certainement.

— Le père spirituel embellira sa demeure et y fera les réparations nécessaires.

— Tu m'en diras tant! »

Puis une grande prostration, le nez contre terre.

« Flatteur, va! »

La maison avait en effet besoin de réparations ; je les fis exécuter. Quant à la chapelle et aux écoles, ça pouvait marcher tel que c'était.

Toutes les maisons chinoises ont un côté pittoresque et artistique. Celle-ci possédait sur le devant un grand jardin, bordé de massifs de bambous, clos par un mur assez élevé, dans lequel s'ouvrait une belle porte surmontée d'un toit assez gracieux. Le tout donnait sur une rivière sillonnée sans cesse par des flottilles de barquettes.

Elle n'était pourtant pas large ni profonde, la rivière; mais les Chinois savent, eux aussi, qu'un cours d'eau est un *chemin qui marche,* et quand ils étaient las de marcher, ils prenaient le bateau. Que de fois, ici ou ailleurs, ils m'ont obligé à ce genre de locomotion ! J'étais en palanquin. Ça allait bien, à une bonne allure, — une lieue à l'heure, — on rencontrait une rivière, — il y en a des masses en Chine. — Crac ! on descendait la berge.

« Mais attendez donc, disais-je, je vais quitter la chaise.

— *Yao pou té, chen fou, yao pou-té.* Non ! non ! Cela n'est pas nécessaire.

— Et qu'allez-vous faire ?

— Nous déposerons le palanquin au fond de la barque, et le père restera dedans ; il sera bien mieux.

— Ma foi ! vous avez raison, si ça peut s'arranger ainsi. »

Ça s'arrangeait toujours. Ce peuple est le plus arrangeant du monde, ordonné, méthodique, maniaque même.

Derrière ma maison, une cour avec une grosse tour, et une cloche de plus de deux cents livres, que mes prédécesseurs ont mise là. Quand elle sonne l'Angélus, le matin et le soir, les bonzes des quatre pagodes environnantes battent du tambour et de la grosse caisse pour annoncer l'ouverture ou la fermeture des temples. On ne saurait être plus amis !

Et puis, tout derrière la cour, un grand précipice qui me sépare de la ville de *Long-Chouy-Tchen,* la ville du *Dragon d'eau,* dont les maisons sur pilotis, avec leurs dessous lépreux, sont là en face de moi. Et, tenez, celle-ci, qui a une apparence un peu plus présentable, c'est celle de Lieou-tay-ouang, ou *Lieou-sien-sen,* comme on le nomme par honneur.

Ces noms ne vous disent rien ; attendez.

Un matin je m'éveille avec la sensation que je ne suis pas bien du tout; je ressens dans la région abdominale de vives douleurs, qui deviennent bientôt des douleurs abominables. Je saute à bas du lit, la sueur au front, et prends les grands moyens : du laudanum de Sydenham, apporté de France. Un missionnaire ne s'embarque pas plus sans laudanum que sans sulfate de quinine.

Rien n'y fait, ni laudanum ni cataplasmes. J'ai appelé mes gens, mon domestique Ou, mon cuisinier Tchan, — qui s'accuse, à tort ou à raison; — Ly et Hoang arrivent; il en arrive une douzaine.

Quelqu'un dit :

« Il faut aller chercher Lieou-sien-sen.

— Tiens, c'est vrai ! crient-ils tous; mais le Père voudra-t-il?

— Faites tout ce que vous voudrez, » dis-je d'une voix mourante.

Dix minutes après un nouveau personnage entrait dans ma chambre et s'approchait de moi. C'était un homme assez grand, maigre, au teint bronzé, au front ridé, au regard scrutateur; il portait une barbiche grise et d'énormes bésicles rondes sur un nez microscopique. Son *ma-koua-tse* ou pardessus, comme sa calotte de soie, étaient, il faut le dire, assez rapés. Cependant Lieou-tay-ouang n'était pas pauvre; peut-être seulement un peu avare ou négligé dans sa mise. Il avait malgré tout un petit cachet aristocratique.

Il s'approcha donc, et après avoir souhaité le bonjour.

« J'ai appris que le *Se-to* était fort souffrant. »

Se-to est le titre honorifique que donnent aux missionnaires les païens. *Se-to* signifie docteur.

« Tu le vois, hélas ! répondis-je. Peux-tu me guérir?

— Un moment, un moment! *ten-y-ha-hal!* Nous essayerons. Seulement le grand homme n'est pas un citoyen de l'Empire du Milieu, et il ne faut pas, sans doute, procéder avec lui comme avec un compatriote.

— Oh ! si, va ! J'ai une tête, une poitrine, un estomac et un ventre comme tout le monde.

— J'entends, j'entends; mais l'illustre maladie du grand

homme peut ne pas ressembler aux nôtres. Dans ton pays, le *ky* n'est pas le même probablement?

— Qu'est-ce que cela le *ky?* »

Il hocha la tête d'un air fin et entendu, et dit :

« Ah! voilà! le *ky*, vois-tu, *se-to*, le *ky*, l'air, l'air de ton pays, des contrées occidentales que tu as respiré longtemps là-bas, et qui a servi à te nourrir, à constituer ton corps et tes organes; cet air-là, tu l'as apporté avec toi, et le voilà en opposition avec l'air de la nation centrale. Veux-tu me donner ton noble bras, *se-to?* »

Il ne raisonnait peut-être pas si mal, après tout, l'Esculape chinois. Je lui abandonnai mon pouls.

Il demeura longtemps, longtemps à le tâter. Je le regardais; il était tout absorbé, et je ne pus, malgré mes douleurs, m'empêcher de me dire :

Il croit évidemment que c'est arrivé et qu'il exerce un sacerdoce!

Enfin, après un bon quart d'heure, le voilà qui relève la tête, respire bruyamment et demande une tasse de thé, qu'on lui apporte avec respect.

Va-t-il m'administrer ce remède? pensai-je; ce serait par trop primitif.

Non, il le boit. Maintenant il demande un pinceau, de l'encre et du papier. Il s'installe à une table et écrit :

Nouveau quart d'heure.

« Vite! clame-t-il, allez chercher ce remède chez moi. »

On court et on revient avec un tas d'ingrédients, des poudres, des écorces, des feuilles, des racines.

« Patiente un peu, *se-to*, dit l'Esculape. Et toi, intendant de la marmite, reprend-il en se tournant vers le cuisinier ahuri, et qui croyait entendre sa sentence de mort, viens avec moi. »

Ils s'en vont tous deux à la cuisine, et reviennent peu de temps après avec un bol contenant un liquide d'aspect oléagineux et de couleur noire.

« Avale, *se-to*, me dit le médecin.

— Hum! fis-je, si je ne suis pas empoisonné et si Dieu ne me vient en aide, cette fois ça y est! Allons! Au nom du Père, et du Fils, et du Saint-Esprit! »

C'était d'une saveur sucrée, pas du tout désagréable. J'avalai, et retombai la tête sur l'oreiller de cuir bouilli.

On me croira si l'on veut ; deux minutes après je ne res-

sentais plus aucune souffrance. Ils sont prodigieux ces gens-là !

Le médecin me regardait malicieusement.

« *To-sié,* lui dis-je, *to-sié*, mille grâces ! tu es un habile homme.

— Oh ! répondit-il modestement, non, le tout petit sait bien qu'il n'est pas très fort ; il ne connaît certainement pas tout ce que connaissait Yao-Ouang, qui a composé trente gros volumes pour expliquer les découvertes médicales de l'empereur Chen-Nong ; mais il est tout de même heureux d'avoir eu l'occasion de lutter contre une maladie aussi noble, et d'avoir rendu la santé à un homme célèbre venu des mers occidentales.

— Dis-moi, frère aîné, tu cumules donc les fonctions de médecin et de pharmacien ?

— Et pourquoi pas ? Comment le grand homme voudrait-il que nous puissions vivre sans cela ?

— Je comprends. Tu as raison du reste ; tes remèdes sont bons. »

Il se rapprocha un peu plus près du lit, et me dit à voix basse :

« Le grand homme croit-il donc que je prodigue mes grands remèdes au peuple, aux *cent-familles?* Que non ! Pour les *cent-familles,* j'ai des pilules faites avec de la farine de froment sucrée et aromatisées et des emplâtres composés de pâte de jujube et de gelée de coing. C'est toujours bon pour elles. Je réserve mes vrais remèdes pour les clients comme toi, capables de les apprécier... »

Et il partit, en me souhaitant le contentement et la félicité, les biens meubles et immeubles : *kong-hy, fa-tsay.*

Ça ne fait rien, je l'avais échappé belle ! Si pourtant ce savant m'avait administré simplement de la gelée de coing !...

II

LE *MA-KOUA-TSE* VOLÉ

Dans ma grande résidence de *Tsiang-kia-pa* (la vallée de la famille Tsiang), je fais les cent pas au milieu de la cour intérieure. Une lourde chaleur d'août pèse sur les hommes et les choses ; il est deux heures de l'après-midi environ, et j'attends.

Je ne suis pas seul à attendre ; là-haut, sur la galerie qui règne le long des chambres à coucher, l'intendant, le régisseur du domaine, un magnifique Chinois de haute stature, aux traits réguliers, à l'air dédaigneux, est assis dans un fauteuil de bambou, près de la table à thé. *Tcheou-sien-sen,* — c'est son nom avec l'honorable épithète qui désigne les lettrés et les hommes de conséquence, — Tcheou-sien-sen

tire gravement et religieusement des bouffées de sa pipe à eau.

Oh! la pipe à eau! le *chouy-yen-tay!* Quelle obsession! On la voit, on la retrouve partout, à toute heure du jour et de la nuit, dans toutes les mains masculines et... féminines, dans celles des riches et des pauvres, sur terre et sur l'eau, à la ville et aux champs. Ne confondez pas avec la pipe à opium, barbares occidentaux! La pipe à eau est honnête, l'autre ne l'est pas.

Qu'est-ce que la pipe à eau?

Un narghileh portatif, en cuivre plus ou moins travaillé et ciselé. Un réservoir pour l'eau, flanqué d'un compartiment à tabac et de deux étuis à allumettes; deux tuyaux sortent du réservoir d'eau : un grand, un peu recourbé avec l'embouchure ; un petit, avec un foyer mobile et minuscule. Or écoutez bien : tous les quarts d'heure, un Chinois qui se respecte saisit son *chouy-yen-tay,* met une pincée de tabac fin et blond sur le foyer, prend une longue allumette en papier et l'insinue dans les cendres d'un réchaud contenant du charbon, — car il faut un réchaud encore, — souffle d'une certaine manière très chinoise sur l'allumette, applique sur le foyer, aspire deux ou trois fois, rejette la fumée, et... voilà ! Aussitôt une expression de parfaite béatitude se répand sur son visage. La nuit il se réveille, et se relève de temps en temps pour se livrer à cette petite opération et boire une tasse de thé brûlant à la théière toujours préparée sur la table du *ké-fang,* la salle des hôtes.

Donc Tcheou-Sien-Sen attendait, et moi aussi. Parfois l'un ou l'autre allait à la porte, sous l'auvent au toit recourbé et aux tuiles vertes et vernissées. Quel joli coup d'œil sur la plaine entourée d'une ceinture de montagnes élevées et couvertes de monticules boisés ! Toute la plaine est en rizières maintenant verdoyantes ; mais au printemps elle a l'aspect d'un lac immense, au milieu duquel les collines sont comme des îlots, où on cultive le froment, les légumes, les arbres fruitiers. Vous ne vous y reconnaîtriez pas, lecteurs, dans le *kao-leang,* ou sorgho ; le *pé-la-chou,* l'arbre à cire, habité par un insecte qui y dépose la précieuse substance ; le *tcha-chou,* ou olivier chinois ; le *tsi-chou,* arbre à vernis ; la plante *tsao-ko,* ou saponaire, et surtout le *tong-tse,* l'arbre à huile. Dans les bosquets d'orangers et de camélias, on entend le gazouillis d'une foule d'oiseaux multicolores et le bruit de celui qui, dans le silence de la méridienne, frappe, frappe sans cesse l'écorce lisse du bambou avec son bec effilé.

Tsiang-kia-pa est à cinq lieues de la sous-préfecture *Ta-tsiou,* et à une lieue et demie de tout village et même de tout chemin. On pouvait voir très loin dans la plaine. Tout à coup, à un détour du sentier, là-bas, derrière une petite pagode champêtre, dont on entend sonner la grosse cloche heurtée par le maillet du bonze quand il reçoit une offrande, le feuillage a l'air de s'agiter : on voit poindre des ombres qui remuent.

« *Lay leao! lay leao! chen fou!* (Il arrive, Père!) » crient les enfants de Tchen, qui gambadent aux environs.

Boum! boum! boum! Trois coups de bombarde en l'honneur de l'arrivant, de cet excellent Père G..., mon collègue voisin de *Tong-leang-hiem,* qui par ce temps de vacances et d'écrasantes chaleurs, vient me demander l'hospitalité pour quelques jours.

C'est un vaillant missionnaire et un gai compagnon. De taille moyenne et de belle prestance néanmoins, le Père G... offre un type peu ordinaire. Comment le définirai-je? Il habite le Céleste-Empire depuis six à sept ans; il possède la langue mieux que n'importe qui parmi mes collègues; ce qui est un avantage inappréciable. Il s'est mis dans la peau d'un Chinois, il est devenu Chinois, il connaît toutes leurs habitudes, toutes leurs roueries; mais il a dans les yeux quelque chose qui n'est pas chinois : la hardiesse et la crânerie. C'est un brave; disons tout : originaire de la province de Savoie, il a servi pendant quelque temps dans l'armée italienne et il n'est jamais si content, lui qui fait tout ce qu'il veut de ses doigts et manie habilement tous les instruments, que lorsqu'il peut jouer sur un piston la retraite des régiments de Lombardie, la *Valse des morts :*

Satan, ce soir, donne un bal magnifi-i-i-ique
Mais pour l'orchestre il n'a pas d'instruments;
. . . .
Accourez, fantômes,
Spectres et gnômes.
. . . .

Aussi Tcheou-Sien-Sen, le beau Tcheou, brave homme du reste, mais un peu arrogant, n'est pas à l'aise devant mon confrère, qui l'éclipse totalement.

« Eh ! bonjour ; comment ça va-t-il ?

— Pas mal ! Et vous de même, je pense.

— Vous arrivez à pied, comme cela ? Et le palanquin ?

— Oh ! le palanquin a disparu !

— Comment ! disparu ?

— Parfaitement. Volé, mon cher Père, enlevé proprement par les *Kan-tao-houy,* les frères de la société du sabre tranchant !

— La déplaisante aventure ! Mais une chaise à porteurs pourtant ne disparaît pas comme une plume, voyons !

— Que voulez-vous que je vous dise ? C'est ainsi...

— Et où le coup s'est-il fait ?

— Sur la route de *Ho-pao-tchang* à *Long-chouy-tchen,* ce matin à huit heures, au marché de *Iu-kéou-ngao,* à l'auberge de l'*Humble-Fortune*... Voyez-vous cela ! C'est trouvé le nom, hein ?

— Vous êtes amusant. C'est que vraiment vous n'avez pas plus l'air vexé...

— Pourquoi le serai-je ? Je vous jure bien que je rentrerai en possession de ma chaise et de mon *ma-koua-tse* de drap brun.

— Peste ! un *ma-koua-tse* de drap brun ! Mon cher, où avez-vous déniché ce splendide pardessus et cette mirifique couleur ? »

Il faut savoir que le Père G... avait toujours les plus beaux et les plus originaux des costumes. Qu'on n'accuse pas les missionnaires ici, qui sont obligés de porter des vêtements convenables, sous peine de n'être point respectés comme il convient ; de plus, la soie est à si bon marché en Chine, qu'il faudrait être bien malheureux pour ne pouvoir en user ; enfin mon excellent confrère savait se faire adjuger des cadeaux. Quoique originaux, ses costumes ne s'écartaient pas du *ly-sin,* du cérémonial des rites. Je l'ai vu en plein hiver, revêtu d'un pardessus rouge bordé de fourrures et le chef couvert d'un bonnet de martre. C'était encore chinois, puisque c'était tartare.

« Expliquez-moi, de grâce, voyons! lui dis-je, quand je l'eus conduit près de la salle à thé, en lui mettant entre les mains non plus la pipe à eau, mais la pipe longue ordinaire, préférée par les missionnaires.

— Voici : Mgr D... est arrivé de Pékin depuis peu, et s'est rendu chez *Tang-tao-pin*, le globulé de Ho-pao-tchang, pour conférer avec lui de certaines affaires importantes; comme j'avais moi-même à parler à notre vicaire apostolique, j'ai pris le chemin de Ho-pao-tchang, où j'ai vu l'évêque et le globulé chrétien, qui cumule les fonctions de catéchiste et de chef de la garde nationale. Il était même fort occupé ces jours-ci à réunir ses hommes pour les exercices militaires. Bref! en furetant dans la chambre de l'évêque, j'y trouvai, entre autres choses, un superbe *ma-koua-tse* en drap brun de Russie, un cadeau de Pékin; j'ai tant supplié Sa Grandeur, qu'elle me l'a donné. En la quittant ce matin pour venir ici, je passai où vous savez; je m'arrêtai un moment dans cette auberge pour avaler un bol de riz, un *tchang-mien*, laissant, hélas! mon pardessus dans ma chaise, à la garde des porteurs. Un quart d'heure après, quand je voulus remonter en palanquin, plus de palanquin, plus de pardessus, plus de porteurs...

— Evidemment ce sont eux les voleurs?

— Un instant! mon ami, un instant! Il est bien possible que les malheureux, déconcertés par cette aventure, dans laquelle ils ont été tout simplement imprudents, aient pris la fuite pour n'avoir pas à supporter ma juste colère. Vous comprenez, comme ils disent, ils avaient *perdu la tête*.

— Bon! Mais qu'avez-vous fait ensuite?

— Ensuite, j'ai dit à mon domestique : « Puisque c'est ainsi, nous irons à pied. Et maintenant, va porter ma carte de visite à *Ly-hong-tchang*. » Il s'est rendu aussitôt chez ce *lao-ye* (*vieux monsieur*, titre honorifique) avec la feuille de papier rouge portant mon nom en beaux caractères; il est revenu en disant que *Ly-lao-yé* m'attendait.

— Qui est-ce Ly-lao-yé?

— Un notable de l'endroit, qui est en même temps chef des voleurs.

— Hein! Vous dites?

— Je dis ce qui est, mon cher Père ; vous en apprendrez bien d'autres, allez !

— Mais les mandarins, les tribunaux, les satellites, pourquoi est-ce fait tout cela?

— Les mandarins ! Ah bien ! ignorez-vous donc le proverbe : *Ya-men pa tse kay ; y eou ly, ou tsien, mo tsin lay ?* « La grande porte du prétoire est toujours ouverte. Avoir le droit de son côté, mais sans sapèques dans sa poche, il faut se garder d'y entrer. » Quant aux satellites, les *ma-kouai,* leur nom signifie « cheval qui court avec la rapidité de la flèche » ; mais ils courent toujours où il ne faut pas. J'aurais bien pu aller aussi demander du renfort aux gardes nationaux de *Tang-tao-pin.* C'était perdre du temps, un temps précieux. J'arrivai chez le notable, *aliàs* chef de brigands. Congratulations et politesses d'abord, pipe et thé; puis je lui contai mon affaire.

« — *Nga-ia!* cria-t-il, *nga-ia!* Le grand homme n'a pas couru tant de pays et quitté les mers occidentales pour venir dans l'empire du Milieu et perdre de l'argent dans cet obscur pays de Iu-keou-ngao, ici, près de ma maison ! Oh ! nous retrouverons tout cela !

« — Tes paroles sont blancheur et clarté, lui répondis-je ; tu agis, toi, selon la justice et la droiture.

« — Ah bien ! non ! Nous sommes des gens grossiers et mal élevés, et vous autres, hommes d'Occident, de nobles hôtes qui devez nous témoigner beaucoup d'indulgence et de générosité. Oh ! je n'ai pas été à votre rencontre assez loin, et je vous ai donné la peine de venir jusqu'ici, jusqu'à cette pauvre et chétive maison qui n'a pas plus de valeur qu'un brin de paille. Épargnez-nous. »

« Devant cette avalanche, je ne pouvais que répéter : *Pou-kan-tang! pou-kan-tang!* « Je n'ose ! je n'ose ! » Le notable ajouta :

« — Un tout petit mot, vieux frère. A quel titre réclames-tu le palanquin et le pardessus? A titre d'objets volés ou à titre d'objets perdus ou égarés ?

« — Comment donc ! Dans une localité aussi bien famée que Iu-keou-ngao, près de l'habitation fortunée de Ly-hong-tchang, personne n'a jamais été victime d'un vol ; aussi est-ce purement et simplement à titre d'objets perdus par l'incurie ou la maladresse de mes porteurs que je demande ce qu'ils ont égaré ou peut-être oublié dans l'auberge de l'*Humble-Fortune*.

« — *Hao! hao!* C'est bien, conclut le notable ; nous allons chercher. »

— Alors je suis parti à pied, pour leur donner une

leçon ; on voulait me donner un palanquin ; j'ai refusé. »

. . . .

Le lendemain, vers la même heure, comme nous nous promenions devant la résidence, nous vîmes venir à nous un cortège au milieu duquel trônait un palanquin, dans lequel reposait, proprement plié, le fameux *ma-koua-tse* de drap brun de Sibérie. Un des porteurs plia le genou devant nous et dit :

« C'est la vieille Hoang-se qui a retrouvé tout cela, derrière l'*Humble-Fortune*. Que les grands hommes nous excusent !

— Donnez-leur cinq mille sapèques, cria le Père G... à Tcheou-sien-sen, et faites-leur boire une tasse de vin chaud.

— Vraiment, dis-je en palpant le *ma-koua-tse*, c'est du beau drap et façonné ! C'eût été dommage tout de même de perdre un pareil vêtement ! »

III

LE NOUVEL AN

Le 29 janvier 1873, c'était le premier jour de la première lune de la douzième année de l'empereur Tong-tche, c'est-à-dire le nouvel an. En Chine, le jour de l'an dure dix jours; excusez du peu!

Cette année-là, j'avais répondu à l'invitation d'un confrère voisin, le P. S..., et je me trouvai sur ses terres, à quinze lieues de Tsiang-kia-pa, à *Tang-kia-iuen-tse,* autrement dit le *jardin de la famille Tang.* Oh! il ne manque pas ici d'appellations poétiques! Ce peuple positif couvre son positivisme de noms attrayants.

Quand je dis Tang, ne pas confondre avec les Tang de *Ho-pao-tchang*, qui sont à moi et possèdent eux aussi une jolie habitation, située dans un beau jardin. En Chine, tout le monde porte le même nom ou à peu près, et c'est pour cela qu'on appelle le peuple les *cent-familles.* Il y a plus de cent familles, on le conçoit, parmi une population de quatre cent cinquante millions d'habitants; il y a même plus de cent noms : on en compte environ quatre cents. Ces noms sont dans un catalogue bien dressé, qui forme un livre classique que tous les enfants connaissent et apprennent par cœur.

On se heurte donc à chaque minute contre un Tang, un Ly, un Hoang ou un Tcheou, et quand il vous arrive de prononcer cet arrêt : « Tang est une canaille! » allez-y franchement; personne ne se fâchera parmi les Tang qui vous écoutent : il y a tant et tant de Tang! Dans un avenir plus ou moins éloigné, quand le Céleste-Empire sera civilisé à notre façon et qu'une société de gens de lettres trônera à Pékin ou ailleurs, cette question de noms simplifiera beaucoup les litiges et les procès, et même parfois les rendra impossibles, car il ne viendra jamais à l'esprit d'un Chinois de réclamer, quand il verra son nom s'étaler dans un livre ou un journal.

Pour finir, disons que les Chinois ont le *sin*, le *min-tse*, le *hao* ou *hio-min*. Exemple : *Ly-chao-pé* dit *Ly-hong-fang*. *Ly* est le *sin*, ou nom de famille ; *chao-pé* le *min-tse*, ou prénom ; *hong-fang*, le nom donné par les parents ou le maître d'école dans l'intimité. C'est le prénom, ou *min-tse*, qui sert à distinguer les membres d'une même famille ; on leur donne aussi des numéros : *Ly-eul-ko*, *Ly-san-ko* : le deuxième ly, le troisième ly. Pour les femmes de même : *Ly-eul-niang*, etc.

J'étais arrivé le 28 au soir, la veille du jour de l'an. Quand la nuit fut venue, grand branle-bas de combat dans cette immense habitation de Tang : on va souhaiter la bonne année !

Savez-vous combien une famille chinoise peut compter de membres dans une ferme de campagne? Quatre-vingts ou cent.

D'abord il y a le vieux père et la vieille mère.	2
Ils ont dix enfants : cinq filles mariées ailleurs et qui ne comptent pas; cinq fils mariés : eux et leurs femmes font.	10
Les cinq fils ont chacun dix enfants ; cinq filles mariées ailleurs et cinq fils mariés ici ; ceux-ci et leurs femmes font.	50
Ces cinquante époux ont en moyenne à eux tous cinquante enfants à l'heure qu'il est, sans préjudice de ceux qui viendront.	50
TOTAL.	112

Mais comme il y a des morts et des absents et certaines circonstances qui viennent modifier le cours régulier des choses, mettons quatre-vingts à cent, comme j'ai dit.

Eh bien ! quand on a allumé les lanternes rouges dans la grande salle des hôtes et que tous ces gens-là viennent se prosterner devant l'aïeul, qui a quatre-vingt-neuf ans et a revêtu ses beaux habits de cérémonie, c'est beau, allez ! Après, les enfants saluent leurs parents respectifs, et on se livre à la joie, c'est-à-dire qu'on boit du thé et du vin chaud et qu'on fume de nombreuses pipes.

On m'avait logé tout au fond de la maison, dans une chambre qui donnait sur un bois de bambous, planté sur les pentes d'une colline qui touchait presque les bâtiments de

la ferme. Ma chambre avait deux portes : l'une s'ouvrait sur un salon par lequel on gagnait l'intérieur du logis ; l'autre s'ouvrait sur une cour qui appartenait au quartier spécial d'une famille composée de la maman et de deux enfants, un jeune homme et une jeune fille. Dans les maisons chinoises, chaque famille a, bien entendu, son petit coin ; sans cela, comme partout, on s'arracherait les yeux, et encore, comme la cuisine est souvent commune, on a mille occasions de le faire.

Après midi, il est reçu qu'on se livre à la sieste durant quelques heures ; on jouit alors d'un repos relatif, et le calme règne un peu dans la maison.

J'étais étendu sur mon lit, vers deux heures, quand je fus tiré de mon assoupissement par un petit bruit qui venait de la cour. On grattait à la porte ; j'allai tirer le loquet et me trouvai en présence d'une jeune fille de quinze ans ; ma voisine, je le savais.

« Qu'est-ce que tu veux ?

— Je te demande pardon, père spirituel ; je viens pour que tu nous racontes des *histoires de dragons : pay long men tchen.*

— Eh bien ! tu n'es pas gênée, toi ! Tu n'observes guère les rites (*koui-kiu*) !

— Oh ! Père, ne sois pas sévère ! Nous sommes des amis de la religion, nous (chrétiens) ; le *koui-kiu* n'est pas le même pour nous que pour les païens.

— Oui-da ! Qui t'a dit cela ?

— Je sais que dans ton noble pays les femmes ne sont pas séquestrées comme ici, — on me l'a raconté, — et je voulais te demander de nous montrer les *si-ien-kin* (stéréoscopes).

— Voyez-vous la petite bavarde ! Est-elle pleine d'audace ! Eh bien ! va chercher ta mère et ton frère. »

Elle avait obtenu ce qu'elle voulait : avoir pour elle et les siens la faculté de regarder tranquillement pendant une heure mes photographies ; il fallait bien en passer par là.

Quand ils arrivèrent tous trois, j'avais disposé au point une vue de l'Arc de Triomphe à Paris.

« Tenez, regardez-moi cela. Est-ce joli ?

— *Lao-che, lao-che! chen-fou!* Oh ! oui, en vérité, ça

l'est! Dis donc, Père, c'est un arc élevé en l'honneur d'une veuve, hein? dit la jeune fille.

— Qu'est-ce que tu nous chantes?

— Mais oui; un bon sujet ne sert pas deux souverains, une femme vertueuse ne prend pas deux époux : *Tchong tchen pou se eul kiun, tchen fou pou se eul fou.*

— Et alors?

— Alors ici, chez nous, dans le royaume des Fleurs, quand une veuve reste fidèle à la mémoire de son mari défunt, on lui élève un arc de triomphe comme celui-ci.

— Je t'en donnerai des arcs de triomphe comme celui-ci pour vos fidèles épouses! tu ne vois donc pas que tous les vôtres passeraient pour des fourmis à côté de celui-ci? Et puis il ne s'agit pas de veuves ici, mais de soldats. C'est un de nos empereurs à nous qui a élevé ce monument à la gloire de ses armées victorieuses.

— Ah! oui! Il avait vaincu les Tartares ou les Japonais!

— Pas précisément, mais quelque chose comme cela. »

En ce moment on frappa à l'autre porte, et mes gens s'éclipsèrent. J'allais ouvrir du côté opposé. Mon collègue était là avec une foule de monde.

« J'avais cru entendre parler? dit-il.

— Mais je suis seul, vous voyez. »

Voilà ce que c'était de ne pas observer les rites; on me faisait presque mentir.

« Ce n'est pas tout ça, continua le P. S... Je viens vous faire mes adieux; on me réclame pour un malade, à dix lieues d'ici.

— Bon! Eh bien! mon cher confrère, où est le *tsi-pao* (la boîte aux sacrements)?

— Dans le palanquin, tout prêt, devant la porte.

— Eh bien! je pars; restez ici.

— Mais...

— Laissez donc, ça me connaît; laissez, vous dis-je. »

Et je partis à sa place incontinent.

Cette nuit-là je vis non pas un malade, mais deux l'un à côté de l'autre. Le lendemain, j'arrivai vers quatre heures. Bon! le P. S... était parti lui-même pour une administration.

A cinq heures, la maman et ses deux enfants venaient me

demander de mes nouvelles. Je repris les *si-ien-kin,* et leur montrai une autre vue : le palais de Justice.

« Ah ! dit la petite espiègle, c'est un *ya-men* (tribunal). Père, je vois le logement du *men-chan* (portier), sans doute, là, dans le pavillon à gauche?

— C'est bien probable.

— Oh! oui, c'est son logement; mais je ne vois pas le

tche-lam-tse, le hangar des instructions préparatoires, ni les criminels à la cangue.

— Il n'y a pas de cangues chez nous, petite.

— Tiens! Alors ils doivent se sauver?

— Tais-toi, tu déraisonnes; on prend d'autres moyens.

— Et le mandarin, où siège-t-il?

— Dans l'intérieur.

— Il y a des *ma-kouai* aussi (satellites, soldats)? »

Je songeais à nos braves gardes de Paris, et je ris de bon cœur.

« Certainement, il y a des *ma-kouai.*

— Et ils donnent la bastonnade et frappent avec la semelle de cuir? »

Non, vraiment, je ne voyais pas un garde de Paris se déchaussant pour donner des coups de botte sur la bouche des prévenus, à la huitième chambre !

On vint encore nous interrompre ; c'était pour aller voir un quatrième malade, pas loin heureusement. J'y courus et ne revins que dans la nuit.

Le lendemain nous reprenions les *si-ien-kin.*

« Qu'est-ce que cela ?

— Un grand théâtre (l'Opéra).

— Je ne vois pas la scène ; elle doit être à ciel ouvert, dans une cour.

— Non, elle est dans l'intérieur.

— Et il y a de la musique, des cymbales et des coquilles de bois creux ? »

O profanation ! Je pensais à Auber, à Gounod, à Wagner.

« Ah ! je te crois, il y en a !

— Et pourquoi ces messieurs portent-ils un chapeau rond si haut, et un habit qui a comme une queue d'oiseau et des boutons derrière qui ne servent à rien ? Ils sont bien laids, sans robe !... Oh ! comme les dames ont de grands pieds !...

— Veux-tu te taire ! Ah ! si les Parisiennes t'entendaient !... »

Et en ce jour de l'an de la douzième année de l'empereur Tong-tche, je m'aperçus très bien que nous passions pour de vrais barbares, même aux yeux des petites filles chinoises.

IV

LE LICENCIÉ

Tout à côté de ma résidence, à *Long-Chouy-Tchen,* on pouvait voir l'école des garçons. Celle-ci était dirigée par un digne magister appelé *Louy-lao-se,* qui avait une cinquantaine d'années. C'était un ancien païen ; je ne sais à la suite de quelles circonstances il avait embrassé le christianisme ;

il possédait son diplôme de bachelier, qui aurait pu lui donnar accès aux charges de l'État et aux fonctions publiques ; mais les lettrés pullulent en Chine, et quand ils n'ont pas d'argent pour dorer leurs diplômes, ils se font maîtres d'école, ou n'importe quoi. Cela est encore facile d'ouvrir une classe et l'enseignement est absolument libre au Céleste-Empire, mais tout le monde est instruit ou veut l'être et veut procurer cet avantage à ses enfants, moyennant une légère rétribution au professeur, qui s'établit le plus souvent dans un coin de pagode. Les pagodes servent un peu à tout, même à loger les voyageurs de distinction : ce sont les seuls monuments passables en Chine.

Mon Louy-lao-se n'était pas sot ; de plus il avait un excellent caractère, un bon cœur et une véritable piété ; je l'aimais beaucoup pour toutes ces qualités, qui sont des conditions et des garanties dans un maître chrétien, et j'allais le voir souvent.

Le spectacle que présente une école chinoise mérite d'être décrit :

Une grande salle dont les murs sont blanchis à la chaux et ornés de *tan-trao,* c'est-à-dire de bandes de papier rouge ou blanc, où le maître a écrit des sentences comme celles-ci :

On étudie les lettre sous un seul professeur ;
on se sert de ses connaissances devant des milliers d'hommes.
Hio-Tsay-y-jen-tche-hia, yong-tsay-ouan-jen-tche-chang.

En étudiant, il faut apporter toute son attention ; un seul caractère
vaut dix mille livres d'or.
Tou-chou-sin-yong-y, y-tse-che-tsien-kin.

Passez trois jours sans étudier, vos paroles n'auront plus de saveur.
San-jé-pou-tou-chou, yu-yen-ou-ouy.

Quarante ou cinquante gamins sont assis devant de larges stalles où s'étalent des livres sans cartonnage, des écritoires en forme de godets, des bâtons d'encre et des pinceaux. Un tapage assourdissant règne dans l'école ; tous les élèves crient à tue-tête, en se balançant. Y en a-t-il un qui ne crie pas, le maître lui frappe légèrement sur l'épaule avec l'extrémité d'un long bambou pour le rappeler à l'ordre. L'ordre est de crier. Voilà encore le monde renversé ! — le nôtre. Ils ne font rien comme nous.

Mais on en comprendra facilement la raison.

Il s'agit ici de bien prononcer les caractères, tout en essayant de les retenir et de les graver dans sa mémoire. Pour cela le maître, au commencement de la classe, fait venir chaque élève devant lui, prend son livre, l'ouvre à un certain endroit, et, s'il commence le livre, prend la dernière page, — encore le contraire de nous, — et les caractères de haut en bas, — toujours le contraire ! — et lit à haute voix quelques caractères, une douzaine peut-être. Au premier élève il dit :

« Va à ta place et répète avec le ton que j'y ai mis :

« *Ngo-ten-ouang-eul-kin-je-iu-ngo-ngo-je-iuong-leang.* »

A un autre :

« Mets-toi ici et dis :

« *Eul-mien-ngo-tchay-jou-ngo-y-mien-fou-ngo-tchay-tche.* »

A un troisième :

« Retourne là-bas et crie :

« *Yeou-pou-ngo-hiu-han-ieou-kan-lay-kieou-ngo-iu-hiong-ngo.* »

Et petits bonshommes d'exécuter l'ordre en conscience.

Quand ils font une faute, le magister, qui tend l'oreille, la saisit immédiatement et rectifie. Quand l'élève sait sa leçon, il revient au professeur, — qui fume sa pipe à eau tranquillement, méthodiquement, — lui remet son livre et tourne le dos, puis récite ou garde le livre et lit, tandis que le *sien-sen* suit sur le livre et voit si le disciple se trompe ou non.

Pour l'écriture, le maître trace sur papier blanc de belles lettres rouges que les élèves passent au noir jusqu'à ce qu'ils puissent écrire d'eux-mêmes sans modèle.

Les petits païens apprennent d'abord le *san-tse-kin* ou livre sacré trimétrique, en vers, composé de trois caractères; puis les *se-chou,* ou les quatre livres classiques, puis les *kin* ou les cinq livres sacrés.

Le livre sacré trimétrique donne le résumé des connaissances chinoises sur la nature de l'homme, les devoirs sociaux, les cinq vertus, les six céréales, les quatre points cardinaux, les six classes d'animaux, les huit notes de musique et la succession des dynasties. Les autres livres contiennent les œuvres de Confucius et de son disciple Meng-tse.

Les petits chrétiens joignent à ces livres l'étude des livres de religion, principalement du *Ouen-ta-chou* ou catéchisme, par demandes et réponses.

« Comment vas-tu, vieux frère, ce matin? dis-je en abordant Louy-lao-se.

— Bien, père.

— Connais-tu la nouvelle ?

— Non !

— La vieille *Tchan-se* a été volée cette nuit.

— Pas possible ! Conte-moi ça.

— Voici la chose :

Elle couche dans la même chambre avec ses deux nièces. La veille au soir, elle avait bien fermé la porte, naturellement, et cette porte était solide ; quant aux murs de la maison ils sont tout neufs et d'une épaisseur raisonnable. Depuis huit jours on parle de maraudeurs qui viennent voler dans les maisons et les enclos. Tchan-se se disait bien qu'elle n'avait rien à craindre, d'autant plus qu'elle habite dans la rue, à côté de nous, et qu'elle est notre voisine. Donc, la voilà qui se met au lit, après avoir fait ses prières, place sur une chaise, tout près, son *pao-fou* (garde-robe) et sur le pied du lit les vêtements qu'elle quitte. Vers une heure du matin, elle sent qu'elle a froid, et cela la réveille. Elle tâte la couverture autour d'elle... Pas de couverture. Elle se dit : « Qu'est-ce qu'il y a? Est-ce que je rêve? » Elle étend les mains de nouveau ; rien, pas de couverture. Elle essaye d'atteindre la chaise ; pas de chaise. Bon ! elle se lève, va à la chaufferette qui contient des charbons dormant sous la cendre, introduit l'allumette de papier, souffle, allume le *ten-tsao* (la mèche de la lampe), et pousse un cri de terreur qui réveille les deux nièces. Le *pao-fou* avait disparu avec la chaise. Pour comble de malheur, la lampe s'éteint, car il y a un affreux courant d'air dans la chambre. Voilà mes trois femmes se mettant à crier et à pleurer. Nous entendons, deux ou trois voisins et moi ; nous accourons avec des bâtons et des lanternes. Tchan-se finit par ouvrir, et nous ne sommes pas longtemps à deviner le mystère : les voleurs avaient fait un gros trou dans le bas du mur, dans l'angle de la chambre, et étaient entrés et sortis par là. Pauvre Tchan-se !

— Oh ! père, son histoire est désagréable, mais j'en ai vu qui le sont autant. L'année dernière, j'ai pu intervenir à temps pour arranger une affaire dans laquelle cinq à six chrétiens de la station allaient être proprement roulés. Veux-tu que je te le raconte aussi ?

— Certes !

— C'était sur la route de *Ma-pao-Tchang* à *Long-chouy-Tchen*. Une bande de voyageurs s'était arrêtée à l'auberge qui est tout à l'extrémité du marché, et on buvait du thé en fumant la pipe. Surviennent des chrétiens qui arrivaient de *Tong-Leang* et revenaient ici chez eux. Ils s'arrêtent eux aussi un moment. La conversation s'engage comme toujours entre les premiers et les nouveaux venus :

« — Eh ! vous autres, hommes, d'où venez-vous ?

« — De Tong-Leang.

« — Où allez-vous ?

« — Là, tout près, à Long-chouy-Tchen.

« — *Che-ma*. Bon !

« — Et vous ?

« — Nous allons à *Iun-Tchouan* et venons de *Ta-Tsiou*.

« — *Che ma*. Votre noble profession ?

« — Ouvriers en cuivre.

« — Tiens ! c'est comme nous.

« — Toi, dis donc, quel est ton pays natal distingué ?

« — Moi, je suis du méprisable pays de Ho-Tcheou.

« — Ton noble nom ?

« — Mon nom vil est Tou.

« — Ton grand âge ?

« — Il y a trente ans que j'endure les misères de la vie.

« — *La-che-ma*. Parfaitement.

« — *Tche-pou-tche-yen ?* Fumez-vous ?

« — *Tche*. Nous fumerons volontiers.

« — *Tche-pou-tche-tcha ?* Buvez-vous le thé ?

« — *Tche*. Nous boirons.

« — *Tsin-y-pei*. Nous vous invitons à boire une tasse.

« — *Pou-kan.* Nous en sommes indignes. »

« On s'attable et on fraternise, puis les gens de Ho-Tcheou disent aux gens de Long-chouy-Tchen :

« — Nous pensons bien que nous allons faire route ensemble maintenant.

« — Certainement, » répondent les naïfs chrétiens.

« Tout va bien ; ils font un kilomètre, et sont presque rejoints par une seconde bande qui vient, elle aussi, de Mapao-Tchang et est composée d'une douzaine d'hommes, tous portant sur les épaules un bissac en coton bleu, à deux poches. Ces derniers cheminent allègrement, comme des gens qui ont la conscience nette : il y a la marche du juste comme le sommeil de l'innocent. Tout à coup l'un d'eux pousse un cri affreux :

« — *Ga-ia! ga-ia!* Hélas ! trois fois malheur ! »

« Il fouille énergiquement dans les poches de sa besace.

« — *Ga-ia!* Je suis volé ! ruiné ! anéanti ! J'avais douze taëls (cent francs), gagnés à la sueur de mon front, hélas ! à Ho-Tcheou, et je les rapportais à mon vieux père, à mon père bien-aimé, qui n'a que moi pour le soutenir et lui rendre les devoirs de la piété filiale... *Ga-ia!* Faut-il que le voleur soit un misérable, une canaille, un chien, oui, un chien!

« — Calme-toi, vieux cadet, hasarde un homme de la première bande.

« — Me calmer ! ah ! non ! Où est-il le voleur? où est-il ? »

« Tout le monde retourne ses poches dans la seconde bande et tape sur des goussets et des besaces plates.

« — Tu vois, ce n'est pas nous, cadet !

« — Oui, oui, je le vois bien ; mais ceux-ci. »

« Il désigne la première bande. Les hommes regardent cette scène, hébétés.

« — Oh ! ce n'est pas nous, disent-ils.

« — Est-ce que je le sais ? moi ! hurle le volé.

« — Voyons ! voyons ! intervient un de ceux qui a contracté amitié avec nos chrétiens ; c'est bien désagréable de sentir le soupçon peser sur nous de cette façon. Je ne suis pas riche, mais j'aime mieux sacrifier un taël que d'avoir un procès... »

« Il tire alors de sa poche un taël, qu'il remet au volé ;

tous l'imitent, et nos chrétiens sont bien forcés d'en faire autant, les larmes aux yeux, la rage dans le cœur.

« Sur ces entrefaites j'arrive, croisant tout le monde sur le chemin. Je suis vite mis au fait par un des nôtres, qui me présente en ces termes :

« — Que Dieu soit béni ! voilà Louy-lao-Sé !

« — Ainsi, dis-je, voilà comment vous dévalisez les gens sur les grandes routes ! »

« Pas de réponse, mais ils se mettent à filer les uns derrière les autres et s'éloignent de nous sans dire bonjour.

« Nous courons après eux ; je les arrête et leur crie :

« — Vous êtes des voleurs, c'est évident ; vous avez beau faire ; vous allez passer par chez nous, je vous ferai arrêter. De quel droit prenez-vous l'argent de ces pères de famille ? Exécutez-vous, rendez-le.

« — Ah ! ce sont des pères de famille ? finit par dire le prétendu volé.

« — Mais certainement.

« — Alors ils me permettront de leur offrir à chacun un lingot d'argent pour leurs enfants.

« Il tira ses taëls, les rendit, et ils décampèrent tous. Bien leur en prit ; d'autres compatriotes arrivaient, et cela eût pu mal tourner pour les voleurs. »

En ce moment le maître d'école fut interrompu par un élève qui vint lui apporter son livre pour réciter la leçon. Il s'excusa près de moi et se mit à écouter :

« *Yao-pou-tao, yao-pou-tao,* s'écria-t-il, après un moment d'attention ; ce n'est pas ça ! »

L'élève se retourna.

« *Yao-pou-tao !* tu ne prononces pas bien. »

Louy-lao-Se rectifia la prononciation en faisant un petit commentaire. Toute la classe pouffait de rire.

« Qu'est-ce qu'ils ont donc à être si folichons ? demandai-je.

— Il y a de quoi, répondit le magister ; le petit sot a trouvé deux caractères qui signifient : « brillants fleurons », il les prononce si bien, qu'il arriverait à faire comprendre : « pattes de canard ! »

— Ah !

- En voilà un, reprit Louy-lao-Se, qui n'est pas encore bachelier (*sieou-tsay*)*!* Pour le devenir, il lui faudra bûcher ferme, à moins que...

— A moins que ?

— A moins qu'il n'achète son diplôme.

— Ça se fait donc ?

— Oh ! en apparence, jamais, père ; en réalité, assez souvent.

— Tu as vu cela ?

— Je l'ai vu une fois surtout, et l'histoire est si curieuse, qu'elle mérite d'être racontée.

— Je t'en prie !

— Chaque année, au chef-lieu, on passe les examens pour le baccalauréat ; tous les trois ans un examinateur arrive de Pé-king pour présider, à la capitale de la province, les examens de licence. On a tout fait en haut lieu pour empêcher la fraude, soit de la part de l'examinateur, soit de la part des candidats.

« Ceux-ci font faire souvent leurs compositions par de plus habiles qu'eux. La loi a prévu le cas ; les étudiants sont enfermés chacun dans une cellule d'un mètre carré. Deux planches seulement dans cette cellule, l'une est un siège, l'autre une table. On demeure trois jours et trois nuits dans la cellule pour chaque composition ; or la licence comporte trois compositions, séparées par deux jours d'intervalle.

« Les candidats sont nourris aux frais de l'État ; ils ne sortent de leur prison sous aucun prétexte, pas même en cas de maladie ; on leur porte à manger là et il y a une sentinelle à la porte. S'ils meurent ou s'ils se suicident, — ce qui arrive quelquefois quand ils s'aperçoivent qu'ils ne peuvent pas traiter leurs compositions, — on n'ouvre pas les portes pour cela ; on les attache à une planche et on hisse le cadavre par-dessus les murs, sans se servir d'échelles.

« Malgré toutes ces précautions on voit des candidats reçus, qui ne le méritent pas. Ils ont tout bonnement été s'adresser à un gradué pauvre qui a pris leur nom, a été subir l'examen à leur place et a gagné le diplôme.

« Le plus beau, père, c'est quand la fraude vient de l'examinateur lui-même. C'est ce que je veux te raconter.

« Quand cet examinateur, un docteur venu de Pé-king, arrive dans la province où il doit remplir ses fonctions, il lui est interdit de voir personne. On le surveille là aussi ; on le file nuit et jour, jusqu'à la fin des examens. C'est pour qu'il ne puisse recevoir de l'argent des candidats. Du reste il est comblé par l'administration. Quand il arrive à la capitale, à *Tchen-Tou,* on le conduit au *Kao-pan,* théâtre des examens, dans un appartement lambrissé en laque et magnifiquement orné ; toutes les tentures du lit, des chaises, des tables, meubles qui sont toujours recouverts d'étoffe, doivent être en soie nouvelle ; elles ont été confectionnées pour son usage personnel, et, l'examen terminé, il les emporte. En revanche, le docteur de Pé-king est prisonnier ; on l'enferme, on appose les scellés sur la porte ; il n'a aucune communication avec les candidats claquemurés dans le palais.

« Croiriez-vous, père, que toutes ces précautions sont souvent inutiles et parfaitement déguisées, réduites à néant? Que ne ferait-on pas pour avoir le droit de visser au sommet du bonnet officiel (*tong-mao* ou *leang-mao*) le globule de jade ou de cristal? Eh bien! ceux qui sont riches et peu savants s'arrangent pour aller trouver l'examinateur avant qu'il ne pénètre dans la province, et celui-ci, ordinairement, fait un petit séjour dans les villes limitrophes; on comprend pourquoi.

« Il y a dix ans, le père d'un de mes amis, bachelier comme moi, n'ayant pu voir l'examinateur avant qu'il entrât dans le Se-Tchouan, et désirant à toute force que son fils fût reçu, envoya son intendant lui porter deux mille taëls (seize mille francs).

« — Qu'est-ce que cet argent? demanda le docteur.

« — Le grand homme, mon maître, vous prie de l'accepter en pensant à son fils qui va passer l'examen de licence. »

« Et l'intendant donna les noms de l'un et de l'autre.

« Le docteur se mit en colère :

« — Qu'est-ce que cela ? s'écria-t-il ; que sont devenues la raison du ciel et la conscience ? (*Tien-ly, leang-sin, tsay-li-ly ?*) Écoute : si ton maître n'était pas un rustre et un homme de peu, je le ferais mettre à mort, et toi avec, pour t'être chargé d'un pareil message. »

« L'intendant épouvanté s'enfuit, laissant néanmoins les deux mille onces d'argent sur la table du docteur.

« — Que t'a dit le grand homme? demanda le père de famille, au retour, à son intendant, en présence de son fils, le candidat.

« — Il s'est mis en fureur et m'a dit : « Qu'est devenue la raison ? Où est la conscience ? »

« Le père de famille se tourna alors vers son fils :

« — Tu as entendu ? Tu placeras cette phrase au commencement de ta composition. Tu peux partir pour Tchen-Tou. Va. »

« Le candidat partit ; il n'eut garde d'oublier les recommandations paternelles. Sans doute l'examinateur ne put voir sa signature sur sa composition ; celle qu'il eut entre les mains n'était que la copie, marquée seulement d'un numéro correspondant à celui de l'original signé, et demeurant au bureau du contrôle ; mais l'intègre docteur reconnut du premier coup la fameuse phrase. Mon ami fut admis. »

Louy-lao-Se m'avait bien amusé. Je le laissai à ses élèves qui prononçaient tout de travers, et partis, en disant pour moi, car mon magister n'aurait pas compris :

« En Chine il y a des voleurs de parchemins dans les deux sens. »

V

LES SANDALES DU DIABLE ET LA BOURSE ENCHANTÉE

Oh ! le Kouy-Tcheou ! le Kouy-Tcheou ! Il restera dans mon souvenir comme un pays fantastique. C'est peut-être parce que je ne l'ai pas vu ; mais que de fois j'en ai entendu parler et combien souvent j'ai vu des gens qui en revenaient avec une foule d'histoires toujours merveilleuses ! Il n'y avait pas jusqu'aux missionnaires qui ne racontassent des choses, des choses !... Enfin c'étaient des récits incroyables.

Je me rappelle qu'un jour ils étaient venus au collège de Pé-ko-Chou, à trois ; c'était pour le sacre de l'un d'eux, qui avait été nommé évêque de cette province voisine. Voisine ! entendons-nous... ils avaient bien mis quinze jours pour arriver de chez eux à Pé-ko-Chou.

« Je parie, dit le Père M..., un vieux de là-bas, que vous n'avez jamais entendu parler de Tsen-hong-Tchang ?

— Non, vraiment.

— Tsen-hong-Chang était un vrai type, un bohême, plus bohême que ceux que vous avez pu connaître là-bas, en France.

— Un Zingaro, un Tsigane, quoi !

— Un Tsigane, absolument ; il en avait tout l'esprit, tous les talents, toutes les aptitudes, toutes les ressources.

— Il jouait de la cithare ?

— Il en jouait.

— Il disait la bonne aventure ?

— Il la disait.

— Il volait son prochain ?

— Il le volait.

— C'était bien un Tsigane et un Bohémien. Et il roulait par les grands chemins avec cela ?

— S'il y avait des grands chemins dans le Céleste-Empire et qu'on y pût traîner une roulotte, il l'eût fait ; mais il roulait en vrai vagabond qu'il était par les petites routes que vous savez.

— Mon cher Père, contez-nous l'histoire de Tsen-hong-Tchang ; nous sommes sûrs qu'elle est divertissante.

— Oui. Donc, c'était un sorcier, mais un sorcier lettre. Notre homme avait passé ses examens du premier degré ; il était bachelier et même devint mandarin.

— Oh ! ca, c'est bien une histoire du Kouy-Tcheou ! Il y a toujours des mandarins dans ces histoires. »

C'était vrai. Au Kouy-Tcheou, au temps du célèbre Mgr Faurie, c'est-à-dire à l'époque où se place ce récit, on ne parlait que des exploits des mandarins et des missionnaires. Il y avait là-bas surtout un certain général de vingt-trois ans, nommé Tien-ta-Jen, « le grand homme Tien », qui était le plus féroce scélérat qui pût exister sur la planète. Le gouvernement de Pé-king l'avait envoyé dans cette lointaine province pour la pacifier et expulser les rebelles qui la désolaient. Il était constamment ivre d'opium, d'orgueil, d'ambition et de luxure ; il avait épousé jusqu'à huit femmes ; il mentait à tout propos ; il jonglait avec les têtes humaines et décapitait ses soldats pour le plaisir de voir couler le sang ; c'était un Néron, un Tibère, un Caligula. Les missionnaires avaient devant eux cette canaille, leur ennemi né et acharné, qui se moquait des traités comme d'une guigne.

Il faisait dire par ses officiers :

« J'ordonnerai de vous tuer, vous autres missionnaires, et quand on vous aura massacrés je dirai que je ne le savais pas, que je ne puis m'occuper de ce que mes soldats font en ville.

— Mais ton devoir est de t'en occuper ?

— Non, je dirai qu'on a tué un bonze...

— Alors tu penses qu'il est permis de tuer les bonzes ?

— Oui.

— Nous sommes les hôtes de l'Empereur, et il est dit dans les traités qu'on doit nous prêter aide et assistance.

— Les traités ! les traités !... Les grands qui sont loin de la capitale ne sont pas obligés d'obéir aux ordres du souverain.

— C'est trop fort ! La province du Kouy-Tcheou appartient à l'Empereur ; il a le droit d'y commander.

— L'Empire appartient à tout le monde. Celui-là seul qui possède la capacité a le droit de régner. »

Ce fut miracle si l'évêque et tous ses prêtres purent échapper aux mains du tyran, qui pourtant mit à mort un missionnaire et de nombreux chrétiens.

Après la tempête, le calme et le ciel bleu. On vit alors l'évêque du Kouy-Tcheou fraterniser avec les mandarins de tous grades. Tantôt il recevait le fameux Siu, l'Attila des rebelles, et lui expliquait les « propriétés des triangles semblables », la façon de mesurer les distances, de dresser des cartes et de déterminer la position des villes, des mers et des îles. Tantôt il faisait une visite au bon Lao-ta-Jen, qui le recevait entre une longue haie de mandarins et de soldats qui présentaient les armes pour rendre les honneurs. Mgr Faurie, à son tour, faisait voir au vice-roi son église, sa résidence, son jardin ; il lui offrait le bras pour l'aider à marcher, à monter, à descendre, et l'aimable vieillard acceptait de bon cœur toutes ces politesses, faisant lui-même à l'Européen maintes confidences intimes. A son départ, celui-ci recevait, pour ainsi dire, toute la ville et toute la cour, et quand enfin il ne savait plus qu'imaginer pour entretenir la bonne harmonie, il prenait son accordéon et jouait un air. La *Marseillaise* ne disait rien aux Célestes, mais ils étaient ravis d'entendre le *Roi Dagobert*.

Tsen-hong-Tchang, qui avait l'esprit d'aventure et ne pouvait demeurer en place, étudiait les hommes, après avoir étudié les livres, et il pensait qu'il n'y avait pas de plus pure jouissance que celle qui consiste à se moquer de son prochain.

Sous prétexte de vendre du fil et des aiguilles il parcourait les *marchés,* c'est-à-dire les villages et les bourgades, habillé d'une façon extravagante : une calotte rouge, des bottes de satin, une robe de soie. Il avait avec lui toujours une cithare, qui vaut bien une cithare hongroise, et quelques gros bouquins cabalistiques. Il s'installait sur les places publiques et jouait de son instrument. On arrivait.

« Qu'est-ce que tu fais, toi ?

— Moi, je suis devin.

— Tu es globulé ?

— Je te crois. Tiens, regarde-moi ça... »

Il montrait son diplôme de bachelier, revêtu des sceaux officiels. Son langage, du reste le faisait facilement reconnaître pour un homme qui avait reçu de l'instruction. Et puis il était en règle avec les autorités et la gendarmerie.

« *Hao !* Bon ! *Lao-yé* (vieux monsieur, titre honorifique). Alors tu prédis l'avenir ?

— Oui. Veux-tu savoir ce que tu deviendras ?

— Certainement.

— Un gros propriétaire.

— Et moi ? demandait un autre.

— Un père de famille heureux. Tu auras cinq fils, pas de filles.

— Et moi ? interrogeait un troisième.

Toi, *ti-pao,* maire de ton village.

— *To-sié!* Mille grâces, » disaient les curieux enchantés, et on lui versait dans la main quelques centaines de sapèques.

Un jour qu'il n'en avait plus que quelques-unes au fond de son escarcelle, il acheta un peu de viande et entra dans un *tcha-kouan,* un restaurant.

« Tiens, *lao-pan,* dit-il au maître d'hôtel, prends-moi ce morceau et fais-le cuire dans une heure d'ici, quand je reviendrai. »

Le *lao-pan* suspendit la viande à un clou planté dans un pilier devant la maison. Passe un chien qui décroche le morceau et s'enfuit pendant que tout le monde avait le dos tourné. Tsen-hong-Tchang ne pouvait déjeuner ce jour-là; il alla reprendre son poste au carrefour. Un bourgeois cossu l'aborda peu après,

« Dis-donc, *lao-yé,* lui dit celui-ci, un mot, s'il te plaît. Tu es devin; pourrais-tu me prédire ce que deviendra un enfant qui est né ce matin chez moi? »

Le bachelier réfléchit; mais, comme ventre affamé n'a pas d'oreilles, le voilà qui ne pense plus à la question de son interlocuteur et, ayant toujours en tête le chien qui lui a volé son déjeuner, il s'écrie :

« Maudite bête! »

Il feuillette ses bouquins et répète :

« Maudite bête, va!

— *Keou-leao!* assez! s'écrie le bourgois, *keou-leao!* je vois que tu es vraiment devin. C'est une bête vraiment, un petit veau, qui est né ce matin dans mon écurie.

— C'est évident, dit le bachelier qui tressaille d'aise intérieurement, c'est évident; je savais parfaitement que c'était un animal, mais je regardais un peu mes livres pour distinguer l'espèce; j'hésitais entre un veau et un poulain.

— *Lao-yé,* permets-moi de t'offrir deux onces d'argent.

— *Pou-kan-tang,* je suis confus de ta libéralité. »

Et voilà comment Tsen-hong-Tchang déjeuna tout de même, ce jour-là.

Deux ou trois jours après, il fit la rencontre d'une troupe d'acteurs ambulants et se lia avec eux. Ils étaient faits pour s'entendre, ils le virent tout de suite. En conséquence, ils se rendirent à la pagode, brûlèrent des bâtonnets d'encens devant le *pou-sa*. L'alliance était conclue; on allait s'amuser ferme.

En Chine, on rencontre à chaque instant des compagnies de comédiens qui circulent sur les routes, prêts à louer leurs services et à égayer leurs concitoyens. Comme leurs congénères d'Europe, ces artistes se font remarquer par l'excentricité de leur mise et de leur figure. C'est une chose remarquable que les Chinois ne peuvent rien faire comme nous. Ici, si vous voyez un homme glabre, vous dites souvent : « C'est un acteur! » En Chine, vous voyez un homme barbu, vous dites : « C'est un acteur! » Les missionnaires, qui d'ordinaire ont une barbe assez fournie, sont de temps en temps pris pour des comédiens.

Pour un oui, pour un non, pour n'importe quelle circonstance, on saisit l'occasion par les cheveux; les municipalités ou même les riches particuliers organisent une représentation théâtrale. C'est la promotion d'un sous-préfet, c'est une bonne récolte, c'est la cessation de la pluie ou de la sécheresse, c'est une naissance, un gain considérable réalisé : on paye les violons et les tambours aux *cent-familles*.

Il y a du reste des théâtres partout; il font généralement corps avec les pagodes. Devant le temple s'étend une grande cour; au fond de la cour, vis-à-vis de l'autel de Bouddha, il y a une plate-forme carrée abritée par un pavillon au toit élégant et recourbé, supporté par des piliers de granit et des colonnes vernissées. Un escalier derrière amène à la chambre des costumes, séparée de la scène par un mur percé de deux portes; une de ces portes sert aux entrées, l'autre aux sorties. Une trappe sur le devant, appelée *porte des démons*, sert, elle, à introduire les personnages surnaturels; un gros tambour est placé à un angle de la scène : voilà un théâtre chinois. La pagode et la scène sont reliées par des galeries en bois où le public s'entasse. C'est un public non payant toujours, qui mange, boit, fume et crie, mais qui ne crie pas plus que les acteurs. Rappelez-vous le théâtre annamite de l'esplanade des Invalides, à la dernière exposition.

Savez-vous ce que faisait Tsen-hong-Tchang là dedans? Il jouait les rôles de femme, car il est interdit aux femmes de paraître sur le théâtre chinois; on les remplace par des jeunes gens; et le nôtre savait si bien s'attifer et prendre la voix féminine qu'on s'y méprenait tout à fait. Dans la Soubrette accomplie », dont M. Bazin nous a révélé les secrets, il eut un véritable succès. De plus, notre bachelier employait tout son talent à styler ses collègues et à réformer leurs costumes; bref, ce fut un vrai régal pour les endroits où la troupe donna des représentations.

Eh bien! le croirait-on? soit que les Chinois payent mal, soit que les acteurs mènent une vie de bâton de chaises, soit plutôt les deux raisons réunies, le jour de l'an arriva, et la troupe se trouva aux abois.

Fâcheuse affaire! *pou-té, pou-y :* il n'y a pas moyen, quand arrive le moment du *Ko-nien,* « le moment de passer l'an, » il faut des sapèques, il faut revêtir des habits neufs et se délasser autour d'un bon quartier de porc et de la burette du vin chaud. Est-ce que les Anglais, appelés irrévérencieusement ici « les hommes aux poils rouges », ne font pas la fête à la *Christmas,* et n'ont pas tous de quoi acheter et manger une belle oie grasse? Si des barbares occidentaux peuvent faire cela, à plus forte raison un Fils du Ciel!

« Rien, rien, rien, disait le chef de la bande, plus rien que cent sapèques.

— Donne-m'en cinquante, dit Tsen-hong-Tchang.

— Pourquoi?

— Donne toujours. »

On les lui remit. Il partit dans le marché et revint quelques instants après avec une brassée de paille de riz.

« Es-tu fou? dit le chef, nous ne sommes pas des *chouinieou,* des buffles!

— *Ten-y-ha-hal.* Attends donc un peu, tu vas voir. »

Le voilà qui se met alors à fabriquer une paire de sandales, de ces *tsao-hay* que portent tous les gens du peuple en Chine et qui sont vraiment commodes pour aller à pied. Seulement celles-ci avaient bien un mètre de long.

« *Hi-ki! hi-ki!* C'est drôle! c'est curieux! » disaient les comédiens, qui ne comprenaient pas encore.

Quand les sandales géantes furent terminées, la nuit était venue. Notre bachelier les prit sur le dos et s'en alla du côté d'une ferme appelée *Sy-téou-gay,* dont le propriétaire fort riche était un certain *Ma-ho-tou,* très superstitieux. Tsen l'avait bien remarqué les jours précédents. Il avait un peu neigé, il imprima les empreintes des sandales sur le sol, aux environs et devant la porte d'entrée, puis courut les cacher dans une petite pagode champêtre, à quelques mètres de là, au milieu des bambous. Revenu à la ferme, il frappa de grands coups contre la porte. Les gens de la ferme, Ma-ho-tou en tête, sortirent bientôt.

« Qu'y a-t-il donc? Quel vacarme!

— Ah! il reviendra sans cesse! sans cesse, il reviendra!

— Qui? Qui?

— Mais le diable! J'ai essayé de le chasser. Peine inutile.

— Le diable! Il n'y en a point.

— Ah! il n'y a point de diable? Viens ici, regarde ces empreintes. Qu'est-ce que cela?

— Nous ne savons.

— Eh bien! je le sais moi, parce que je suis sorcier et bachelier; ce sont les traces de ses sandales. Comprends-tu?

— *Lao-che! ga-ia!* Hélas! oui, je comprends. Oh!... »

L'épouvante saisit le malheureux fermier aux entrailles.

« Que faire? dit-il encore. Entre donc, je t'y invite. »

Le bachelier entra, bien entendu, et on lui servit un somptueux repas. Quand il fut rassasié :

« Ce n'est pas tout ça, fit-il; il faut en finir avec ce démon-là. »

Il les avait tous charmés par sa conversation pendant une heure; il avait fait leur conquête et il les avait entretenus aussi dans une crainte salutaire.

« Voilà : vous porterez devant la petite pagode, à côté, dix boisseaux de riz, vingt livres de pâtisserie et vingt-cinq ligatures (2500 sapèques), tout à l'heure, vous entendez? De mon côté je vais prier le diable d'aller célébrer les fêtes du nouvel an dans la pagode. Demain matin vous y reviendrez; si vous y trouvez les sandales de ce démon, brûlez-les soigneusement; il ne reviendra pas. »

Les comédiens avaient enfin compris. Ils purent festoyer à leur aise après avoir enlevé les présents offerts à Pluton, et quant aux fermiers, ils trouvèrent les sandales et les brûlèrent selon la recommandation du devin. Le diable ne revint plus, et Ma-ho-tou, dans sa joie, apporta encore à son libérateur cinq mille sapèques.

Une fois pourtant, Tsen-hong-Tchang faillit perdre son latin et trouver son maître. Mais le proverbe « à trompeur, trompeur et demi » est vrai, on va s'en convaincre par le récit suivant.

On sait ou on ne sait pas qu'en Chine il se fait une consommation inouïe de pilules. Les pilules rouges ont la vogue, celles surtout qui s'appellent *lin-pao-jou-y-tan,* ce qui veut dire « trésor surnaturel pour tous les désirs ». Elles guérissent toutes les maladies, pourvu qu'on en sache varier la dose et les mélanger avec un liquide convenable. Ce remède vient de Pé-king et il est la propriété d'une famille qui l'expédie dans tout l'Empire ; on le vend au poids de l'argent pur ; on met dans le plateau de la balance un petit lingot qui pèse une once et dans l'autre une once de pilules. On se sert du trésor surnaturel comme d'un criterium pour connaître le degré de gravité d'une maladie ; après l'avoir réduit en poudre, on le fait priser au patient ou au moribond. S'il éternue ou entre en transpiration, il est sauvé ; s'il reste insensible, il est perdu.

Un jour, Tsen rencontra un marchand de pilules rouges, appelé *Tchao-ouy-Sang* à qui tout le monde courait. Tchao-ouy-Sang avait placé dans sa boutique, au milieu de son étalage, une idole d'un demi-mètre de haut environ. Un malade se présentait-il, le médecin pharmacien demandait de quelle « noble maladie » il était affligé, puis il regardait l'idole et la consultait à haute voix, pour savoir la quantité de pilules rouges qu'il convenait d'administrer.

Il disait, en lui présentant une petite pelle de fer :

« Une once? deux onces ? une once et demie ? »

Et l'idole branlait la tête ou demeurait immobile. Tout le monde était témoin du miracle et on achetait, on achetait.

Quant au bachelier Tsen, il était fortement intrigué.

« Que diantre peut-il y avoir là-dessous? se répétait-il. C'est une manigance quelconque ; moi, je ne crois à rien qu'à l'habileté du drôle. »

Il alla manger à l'auberge où le médecin prenait ses repas,

se lia avec lui, essaya de le circonvenir en l'interrogeant; mais l'autre restait impassible.

« Attends un peu, » fit Tsen.

Il acheta dix petites bourses de soie bleue identiquement semblables, de ces bourses dans lesquelles on peut mettre son argent ou son tabac et qu'on peut suspendre à la ceinture du pantalon par un solide cordonnet glissant facilement. Il plaça dans chacune vingt sapèques enfilées dans une ficelle rouge, rabattit sa robe sur le tout et invita le médecin à se promener dans le marché.

Tchao-ouy-Sang accepta.

Les voilà, flânant le long des boutiques et des maisons de thé. A chaque instant, le bachelier offrait au médecin ou une tasse de thé ou une pâtisserie ou une orange, et il payait tout le temps. Pour cela il soulevait un coin de sa robe, montrait une des bourses, fouillait dedans, en tirait vingt sapèques, remettait la ficelle rouge dans la bourse vide et rabattait le pan de sa robe. Son compagnon le regardait faire; mais quand il avait l'œil ailleurs, une minute après, d'un rapide mouvement de main, Tsen faisait glisser sa ceinture de soie sous ses vêtements et amenait une bourse pleine à la place occupée par la bourse vide.

« *Lao-yé!* finit par dire Tchao-ouy-Sang, tu dépenses trop pour moi!

— Bah! laisse donc, répondit l'autre, c'est insignifiant et ça ne m'appauvrit guère. Que je paye ou non, j'ai toujours autant d'argent dans ma bourse.

— Oh! oh! je ne comprends pas très bien.

— Mais si, j'ai toujours vingt sapèques dans ma bourse de soie; quand je les ai dépensées, je remets dans la bourse la ficelle rouge et elle se remplit comme cela toute seule. »

Et il recommença une septième fois son manège. L'autre était stupéfié.

« *Lao-yé,* dit-il, écoute, donne-moi ta bourse et je te dévoilerai le secret de l'idole aux pilules.

— Euh! euh! Ma bourse vaut mille fois plus.

— Je t'en prie!

— Eh bien! Voici mes conditions : d'abord un bon dîner, ensuite tu me diras tout.

— Je te le dirai, *lao-yé,* tout de suite. La tête du *pou-sa* est aimantée et mobile naturellement. Si je présente ma petite pelle de fer tout près, elle s'incline ; si je la retiens assez loin, la tête ne bouge pas.

— Farceur ! va, reprit le bachelier. Eh bien ! moi, j'ai dix bourses, comme tu peux voir. »

Et il souleva sa longue robe de soie.

« C'est une odieuse tromperie ! s'écria son compagnon.

— Pas du tout, répliqua Tsen, c'est un marché ! Donnant, donnant. »

Et le dîner eut lieu quand même. Les larrons et les devins sont comme les loups, ils mangent, mais ne se mangent pas.

VI

DEUX ERREURS

On se moquera de moi si l'on veut, mais ce n'est pas sans attendrissement que je pense aux bonnes journées que j'ai passées autrefois dans la famille *Tcheou.* Et cependant il y a déjà longtemps que j'ai quitté *Ta-pin-kang!*

Ta-pin-kang, c'est tout là-bas, une ferme chinoise dans la province du *Se-Tchouan* sur la route qui conduit ou *Kouy-tcheou.* En ai-je entendu parler souvent de ce Kouy-tcheou ! Les gens qui en venaient racontaient des choses mirifiques ; ils disaient que les missionnaires y faisaient des miracles, de nombreuses conversions ; tout le temps on les voyait, bras dessus, bras dessous avec les mandarins, et plusieurs parmi ceux-ci avaient embrassé le christianisme ! Au Kouy-tcheou, on menait rondement les affaires et tout prenait l'allure militaire. Et que sais-je ! Du Kouy-tcheou, moi, je n'ai retenu qu'une chose : la soie ; c'était une étoffe très simple, très solide, très convenable pour en faire des robes ; toutes mes robes étaient en soie du Kouy-tcheou.

Mais malgré tout ce qu'on me disait de ce pays enchanteur, j'aimais mieux mon Se-Tchouan.

Et d'ailleurs pouvait-on trouver une contrée plus romantique que celle que j'avais sous les yeux?

La première fois que j'y arrivai c'était après une jolie course de dix lieues. J'étais parti de bon matin de la capitale *Tchong-King*, et la nuit m'avait surpris aux approches d'un gros bourg ou marché, comme on dit ici; le chemin dallé, assez mal entretenu, large seulement d'un mètre et demi, n'était pas commode; il me fallut descendre de palanquin et marcher à la lueur des grosses lanternes de papier huilé. Je couchai au bourg, chez des chrétiens.

Le lendemain je trouvai devant moi une montagne très élevée, barrant brusquement la route comme une muraille gigantesque. Cela arrive souvent en Chine. La montée est fatigante, mais combien jolie! Le chemin « va son petit bonhomme, » sans se déconcerter, serpentant, zigzagant, se faufilant dans des sortes de petits tunnels, passant devant des auberges pleines de voyageurs et de portefaix qui vous dévisagent curieusement, ou le long de petites pagodes champêtres, où trônent de débonnaires *pou-sa*. Arrivé dans les régions supérieures, le sentier longe des balustrades et des garde-fous surplombant des abîmes insondables, des précipices vertigineux, qu'on aperçoit à travers les feuillages grêles des bambous, brrr!... Et quelle vue! quelle vue pardessus les enfoncements verts des vallées, et les montagnes bleuâtres et lointaines se succédant en longues lignes parallèles!

Encore quelques pas, et puis tout à coup je vois dans une espèce de courbe, au milieu des rochers et des vergers pleins d'arbres fruitiers, des bâtiments bas et rectangulaires: c'est *Pé-ko-chou*, le collège de l'*Arbre Blanc*.

Mon Dieu! qu'il est donc charmant, lui aussi! mais pas si charmant encore que ses hôtes. Je me rappelle que le premier que je rencontrai, assis sur le seuil, fut un grand diable d'homme, vêtu d'une robe de coton bleu, à la figure très barbue, une longue pipe à la bouche. Comment était-il installé là? c'est difficile à dire. Qu'on se figure la position de quelqu'un qui est assis sur un tabouret bas. Voilà la position;

mais le tabouret manque, il n'y a que le vide, rien que cela.

« Eh mais! c'est cet excellent Père P...! »

Je le connaissais pour l'avoir vu à Paris. Or Paris était loin.

« Parfaitement, mon très cher, lui-même pour vous servir. Comment va le nouvel apôtre?

— En homme ravi de vous voir et de voir toute cette nouveauté. Un mot, avant que je ne pénètre dans la place. Sur quoi êtes-vous assis, cher Père?

— Sur rien.

— Mais cette position?

— Très reposante.

— Et confortable aussi?

— Et confortable: vous en userez. N'avez-vous pas vu les portefaix, le long des routes, s'accroupir ainsi pendant quelques minutes, pour fumer une pipe?

— Ma foi! je croyais qu'ils avaient leurs pliants ou quelque chose comme cela.

— Entrons, si vous voulez. »

Nous entrâmes. Quel accueil cordial de la part des deux missionnaires qui dirigeaient la maison et dont l'un était le provicaire de la mission!

Les élèves étaient une vingtaine. C'étaient des élèves en théologie; les petits étudiaient dans deux autres collèges.

Huit jours après je repassai par cette haute montagne dont j'ai parlé et j'allais m'installer à la ferme de Tao-pin-kang.

Elle était enfouie dans un véritable fouillis de verdure. Je ne crois pas qu'il y ait au monde une terre plus fertile et plus exubérante que celle-ci. Ces bois de bambous qui entouraient la maison sont bien ce qu'on peut trouver de plus gracieux; aussi les poètes chinois n'ont-ils pas manqué de comparer leurs femmes à cet arbre joliet. Et pour bien montrer que nous sommes en pays chaud, de temps en temps on voit surgir çà et là le tronc et les larges feuilles d'un gros bananier. Sur la bordure des champs s'arrondissent les dômes des orangers; la terre est grasse à plaisir. Viennent les pluies, on ne pourra pas faire un pas dehors. Une fois il m'est arrivé de vouloir gagner *Pé-ko-chou* quand même, par un temps d'orage. J'étais avec un jeune collègue, qui était venu me prendre; j'avais chaussé mes grosses bottes, ferrées de clous énormes; nous glissions dans l'eau des rizières d'une façon déplorable; nous faillîmes y rester et dûmes rétrograder.

J'apprenais la langue à Ta-pin-kang; mais qu'on sache parler ou non dans les pays des missions, il y a des moments où l'on peut être appelé à remplir son ministère : c'est ce qui m'arriva dans les premières semaines.

A *Léou-fang-kéou,* une demi-lieue plus loin, dans une autre ferme située dans la montagne, une pauvre vieille se mourait; on vint me chercher.

Me voilà parti, par une belle matinée de printemps et les plus jolis sentiers du monde. L'air est embaumé par les senteurs des arbres en fleurs; nous marchons entre deux haies d'aubépines blanches. Il n'y a qu'une chose désagréable dans ces pays : les reptiles, qu'on rencontre à chaque pas; ils ne sont pas très dangereux, dit-on, ces gros serpents noirs qui s'élancent d'une rizière à l'autre, en traversant la route, mais ils produisent toujours, on le comprend, un effet répulsif.

En les voyant, les Chinois crient : « *Kouy-tse! kouy-tse!* C'est le diable! c'est le diable! »

Nous voici arrivés à Léou-fang-kéou. Dans mon ardeur de jeune missionnaire français au début, je me précipite au milieu d'une foule de gens qui encombrent la cour s'étendant devant la maison et font grand tapage du côté de l'aile droite. On pousse des cris, on allume des pétards. Ils courent tous dans différentes directions et semblent chercher quelque chose.

« Mais qu'est-ce qu'ils ont donc à tant crier? dis-je à mon séminariste interprète.

— Ils crient après l'âme de la moribonde.

— Quoi! l'âme de la moribonde?

— Oui, Père.

— Qu'est-ce qu'ils cherchent?

— L'âme de la mourante.

— Quelle plaisanterie!

— C'est ainsi, le *koui-kiu* le veut.

— Qu'est-ce qu'ils disent?

— Ils disent à l'âme : « Reviens ! Pourquoi partir ? reviens ! nous t'en prions. »

— Et ils pensent que l'âme reviendra ?

— Oui, Père, ils le pensent, ou au moins ils font ce qu'on a toujours fait.

— Mais c'est une abominable superstition !

— Tout ce qu'il y a de plus abominable. Tenez, en voilà un, le fils aîné, qui croit l'avoir découverte. Il appelle les autres ; il dit : « Elle est de ce côté. » Et tout le monde va par là.

— Et ces lanternes qu'ils tiennent allumées ?

— C'est pour éclairer l'âme et lui montrer le chemin, afin qu'elle retourne dans le corps du malade.

— Attends un peu ! Je mettrai ordre à tout cela. Oh ! que ne puis-je parler la langue, ce serait vite fait !

— Oh ! Père, il y a encore beaucoup à faire ici, allez !

— Mais dis-leur que je défends ces pratiques.

— Oh ! Père, ceci est impossible.

— Comment ! impossible ? Tu vas voir.

— Père, Père, n'allez pas là. Ce n'est pas par là ; venez de ce côté. »

Mon séminariste s'efforce de me retenir et de m'entraîner vers l'aile gauche. Peine perdue ! Je pénètre dans une chambre où, autour d'un lit, toute une famille est en pleurs. Il n'y a plus qu'un cadavre sur le lit.

Quelques hommes viennent à moi et me disent :

« Elle a salué le siècle. »

Ils ont l'air très étonnés de me voir là. Moi, à mon tour, je m'aperçois qu'il n'y a dans cette pièce aucun emblème religieux ; je n'y comprends plus rien. Au même moment le séminariste me tire par la manche et me glisse ces mots à l'oreille :

« Ce sont des païens, Père ; ce n'est pas votre malade qui est là : le vôtre est de l'autre côté de la maison. Venez la voir.

— Ah ! mon Dieu ! que ne le disais-tu ? »

Dans les maisons chinoises, les chrétiens et les païens sont souvent confondus et mêlés dans une même famille. J'avais fait erreur, et il y avait deux mourantes.

J'allai voir une excellente vieille *lao-po-po*, qui n'attendait plus que moi pour mourir, elle aussi. Agenouillée sur son lit, soutenue par ses enfants, elle reçut les derniers sacrements avec une ferveur qui allait au cœur. Je demeurai encore assez longtemps près d'elle à réciter les prières des agonisants pendant qu'elle *saluait le siècle,* comme sa parente d'à côté.

Comme je terminais, de nouveau j'entendis un affreux vacarme dans la cour. Je sortis pour m'enquérir.

Un catafalque et une pagode en nattes se dressaient avec élégance devant la maison, et une troupe de musiciens et de bonzes était là, priant, gambadant et soufflant dans des trompettes, frappant des gongs et des cymbales. Tous les gens de la maison avaient revêtu le costume de deuil, qui est blanc. Ils ne font jamais rien comme nous, ces bons Célestes, et naturellement le deuil ne peut se porter en noir; aussi je ne serais pas étonné qu'ils eussent le dicton : « Voir tout en blanc. » Ils portent donc une robe blanche, des bonnets blancs et des souliers blancs.

Les bonzes n'étaient pas seuls à se démener.

On avait tiré de la *chambre aux cercueils,* qui se trouve dans toute maison honnête, une bière en bois de sapin, dont les planches avaient quatre pouces d'épaisseur et celle du fond un demi-pied, et on avait placé la morte là dedans. Tant de fois elle avait, pendant sa vie, été contempler son beau cercueil, qu'elle ne pouvait manquer d'y être bien à l'aise.

« Qu'est-ce que ça peut bien coûter une bière pareille? demandai-je au séminariste.

— Père, ça vaut bien cinquante taëls (quatre cents francs).

— Mais ils se ruinent ces gens-là !

— Il va venir ici trois cents personnes pour l'enterrement ; on les habillera, on les nourrira, ça coûtera bien deux à trois cents taëls.

— Joli chiffre!

— Oh! on vendra un champ ou deux, si cela est nécessaire. Du reste notre grand *Kong-tse* (Confucius) va jusqu'à conseiller de consacrer à l'enterrement de ses parents la moitié de ses biens.

— Peste! »

Cependant le *ran tan plan* continuait à faire rage; aux bonzes, les hommes de la maison étaient venus se joindre, et l'un d'eux entamait les grandes lamentations : c'était le fils aîné.

« *Ngo-ty mou-tse, ngy-se-leao!* O ma mère, te voilà morte!... Qui donc désormais consolera ton pauvre enfant? »

Ran tan plan, ran tan plan! Boum! boum!

Et tous de pleurer. Tout à coup les larmes s'arrêtent comme par enchantement sur le signe d'un maître de cérémonies. C'est au tour des femmes. Les hommes alors vont boire, fumer, jaser et rire dans une pièce à côté.

Alors les femmes s'acquittent merveilleusement de leur tâche :

« *Ngo-ty mou-tse, ngy-se-leao!* »

Ran tan plan, ran tan plan! Boum! boum!

Tout cela c'est pour distraire les esprits malfaisants qui auraient l'idée de s'emparer de la pauvre âme de la défunte; et, comme les esprits sont avares et aiment l'argent, on répand à foison tout autour de la bière et sur les routes des masses de ligatures et de sapèques. Les démons courent après et laissent l'âme tranquille. Mais ils sont bien attrapés, les démons : les ligatures et les sapèques sont en papier.

Ces cérémonies devaient durer plusieurs jours devant les dépouilles de la pauvre païenne défunte, puis on devait la porter sous un petit tertre dans le voisinage et planter sur la tombe une tablette de pierre indiquant son nom et son âge. Les bonzes *tao-se,* ceux du culte de Tao, appelés spécialement dans ces circonstances, devaient suivre la morte jusqu'au bout. Pour moi, je ne pouvais attendre plus longtemps; mais je ne voulais pas perdre cette occasion de faire plus ample connaissance avec ces intéressants personnages, qui sont les représentants attitrés d'une religion et de croyances que je venais détruire en Chine.

Je m'approchai de celui qu'on désignait comme le supérieur, moi, l'ennemi né et *héréditaire.* Je me demandais comment j'allais être reçu.

« *Kong-hy, fa-tsay:* Je te souhaite le bonheur et la richesse dit le personnage à la tête rasée et aux longs habits gris.

— Et moi de même, » lui dis-je.

J'appelai le séminariste pour traduire.

« C'est la première fois que tu vois les cérémonies du Tao, *se-to?*

— Oui ; elles me semblent très curieuses.

— Eh bien! sais-tu une chose, se-to? Il faut venir nous voir à la pagode de *Ngai-te-Tang* (temple de la Vertu); ce n'est pas loin d'ici; on te montrera le chemin; tu me feras la faveur d'accepter chez nous une tasse de thé.

— Entendu! » lui dis-je en le saluant. Et je partis.

Longtemps encore, par-dessus les rizières et les bambous, j'entendis l'énervant ran tan plan! boum! boum!

Pour un diable, ça doit être un bon diable, celui qu'adore ce bonze si poli!

Quelques jours après, longeant le bord d'une petite rivière, j'aperçus une barque pleine à chavirer; il y avait bien là trente personnes, et tout au bout je reconnus mon bonze, un panier au bras, qui faisait des prodiges d'équilibre pour ne pas tomber à l'eau. Nul ne faisait attention à lui.

« Oh! le pauvre homme! dis-je au séminariste, comme on le traite! C'est cependant un prêtre; regarde!

— Ça, un prêtre! répondit le séminariste en faisant une moue méprisante; c'est tout au plus un portier de pagode, et voilà tout! »

Je compris qu'il ne fallait pas me commettre avec de si petites gens. Je n'allai pas à la pagode.

VII

ERREUR PLUS GRAVE

Que faire en un gîte à moins que l'on ne songe?

A *Ta-pin-Kang,* je passais la moitié de mon temps à songer. Aussi tout était matière à réflexions pour moi. Mon Dieu! que j'ai donc médité en faisant les cent pas, par le beau temps et par la pluie, sous la galerie qui s'étendait devant le *kin-tang* (la salle des prières)!

Je ne sais pas pourquoi ma pensée s'arrêtait plus souvent sur une petite vieille qui habitait la maison, et qui était bien la plus aimable et la plus active petite vieille que l'on pût trouver.

Il y avait quatre femmes à Ta-pin-Kang ; la mère Tcheou, sa sœur *Nien-Se* et ses deux filles non encore mariées. Je vais parler de Nien-Se.

Sans cesse je la rencontrais ou l'apercevais de loin, occupée à quelques travaux du ménage; c'était elle, je le savais, qui était *intendante de la marmite,* à la cuisine, et préparait mes repas, les bols de riz, si durs à avaler, et qui furent un peu cause de mon retour en France, — je l'avoue à ma honte; — c'était elle qui soignait les vers à soie dans les grandes corbeilles de bambou, à l'étage supérieur; c'était elle qui balayait le *fan-tang,* la salle à manger; c'était elle qui, avec mon séminariste, s'occupait de la chapelle et de la sacristie; enfin je la retrouvais partout, la veuve Nien-Se.

Et quand je ne la voyais pas, je l'entendais; je distinguais parfaitement sa voix un peu glapissante par-dessus celles des autres pendant les prières de la messe :

« *Tsay-tien-ngo-ten-fou-tche; ngo-ten-iuen-eul-min, kien-chen...*

Ou :

« *Chen-eul-fou Ma-ly-a, man-pi-chen tchong-tche,* etc. »

C'est ainsi que commencent, en chinois, le *Pater* et l'*Ave Maria.*

Et les chrétiens chantent les prières à tue-tête ; jamais ils ne sont si heureux que lorsqu'ils font du bruit ; vous verrez qu'au paradis ils nous empêcheront de jouir du repos éternel; on sera obligé d'y mettre ordre.

Nien-Se avait dû être une femme très présentable dans le temps, quand elle s'appelait *Tchang-eul-niang* et qu'elle vivait dans une ferme voisine chez ses parents. Elle avait maintenant une cinquantaine d'années, était encore très droite, avait de beaux yeux largement fendus en amande naturellement, une peau bien lisse,... des cheveux ? Je ne sais pas comment étaient ses cheveux, car elle ne se présentait jamais devant moi sans avoir la tête couverte d'un *pa-tse,* ou voile de soie noire. Elle portait la robe courte en coton, de couleur bleue, avec des galons brodés au cou et au bas des manches, et l'on apercevait très bien ses jambes, enveloppées de bandages, et ses petits pieds, microscopiques pieds, chaussés de souliers, d'amours de souliers en soie à broderies d'or. Nien-Se se balançait gracieusement en marchant comme un roseau agité par le vent.

Mais, chut! on ne parle jamais de ces choses-là en Chine..., ce n'est pas le *koui-kiu* (l'habitude, la règle).

J'ai été longtemps sans voir les femmes de la maison d'un peu près, puis, un jour, ça a commencé comme tout commence. Nous entrions dans l'été : au Se-Tchouan, il est parfois insupportable, l'été; on a quarante degrés à l'ombre. Avec la chaleur les moustiques arrivent. Vous avez bien une moustiquaire, mais vous savez comment on la définit :

« Un rideau pour enfermer les moustiques. »

Pendant la nuit, on entend *zi! zi! zi! zi! zi!* oh ! l'horrible musique ! Et puis il y a les caresses de ces musiciens!

Nien-Se, la bonne Nien-Se arriva un soir à mon secours; elle dut entrer dans ma chambre, mais moi j'en sortis bientôt; il était impossible à un être quelconque d'y demeurer.

« Ah ! vous vous obstinez à saisir le Père spirituel à la gorge ! Ah ! vous lui piquez les mains et les pieds ! Ah ! vous vous précipitez jusque dans son nez et ses oreilles ! Attendez un peu ! »

C'était la déclaration de guerre de mon amie Nien-Se.

Si vous aviez été dans une pagode chinoise, vous auriez remarqué tout de suite, devant l'autel du Bouddha, un porte-parfum rempli de cendres. Les dévots y piquent sans cesse des bâtonnets aromatiques, composés d'écorce d'ormeau, détrempée d'huile et séchée au soleil. L'odeur est infecte et capable de donner le vertige aux dieux. Ma bonne gouvernante y avait joint je ne sais quels petits paquets d'herbes et avait mis le feu au tout. Une demi-heure après, quand l'atroce fumée fut dissipée, je pus rentrer dans ma chambre ; les moustiques avaient vécu.

Le lendemain, je mandai Nien-Se pour la remercier.

Mon provicaire m'avait dit :

« Vous savez, les femmes de Ta-pin-Kang vous seront d'un grand secours pour apprendre la langue. Si vous pouvez causer un peu avec elles, tant mieux ! on les comprend mieux que les hommes ; elles sont ingénieuses et trouvent toujours moyen d'employer les mots que l'on connaît. »

Ceci s'appliquait parfaitement à ma vieille amie. Bien entendu, elle ne se permit pas d'entrer dans ma chambre, mais elle souleva la portière de coton bleu à dessins blancs, et, se tenant sur le seuil, reçut avec modestie mes remerciements. Son visage était tout animé de plaisir. Évidemment ce que je lui disais lui allait au cœur.

« Vois-tu, j'ai dormi, et j'aurais donné beaucoup pour dormir.

— Tant mieux ! Père spirituel ; mais je me permettrai de te demander une chose :

— Es-tu content aussi de la cuisine ?

Ah ! dame ! cela, c'était une question plus délicate ; j'escamotais un peu la réponse.

« Les *han-tsay*, les *pi-tsay* et les *kiu-tsay* ne sont pas mauvais du tout ; j'aime assez les condiments. »

Les *han-tsay*, *pi-tsay* et *kiu-tsay* sont des piments rouges et verts, des échalottes, etc., enfin tout ce qui peut servir de moutarde de Dijon, à quatre mille lieues de la capitale bourguignonne, hélas ! Le vin de riz ou *chao-tsiou* que j'absorbais tout bouillant, en faisant la grimace, me faisait souvent aussi penser à certain pomard et à certain chambertin qu'un mien oncle curé tirait, les jours de fête carillonnée, de derrière les fagots. Mais après tout, je n'étais pas venu en Chine pour boire du bourgogne. En me rendant à Marseille et en passant devant le clos Vougeot, à qui les régiments portent les armes, j'avais crié non pas : « Au revoir ! » mais : « Adieu ! »

Je continuai à parler pour n'avoir pas à subir de questions indiscrètes.

« Qu'est-ce donc que tu m'as servi hier, ces *py-tan* ?

— Ah ! oui. Ce sont des œufs de canard.

— Oui, ça a la forme d'œufs, sans en avoir l'aspect ; le blanc est noir et le jaune est vert. A première vue, ce n'est pas engageant. Comment obtiens-tu cette transformation ?

— Voici, Père : on prend du bon thé dont on fait une infusion ; dans l'infusion on jette de la chaux et de la cendre de bois et du sel; on fait des boulettes avec tout ça et on enveloppe des œufs de canard dans cette composition, que l'on place dans un vase en terre. On l'y laise pendant quarante jours, le temps nécessaire à la cuisson. Après, c'est bon à manger. On débarrasse les œufs de leur enveloppe, devenue très dure, et on les coupe par le milieu, dans le sens de la longueur, comme tu as vu.

— Et la sauce fermentée, comment fais-tu ça?

— Le *so-ya?* c'est plus difficile. Quand on a fait cuire des haricots rouges et qu'ils sont égouttés, on les saupoudre de farine de froment, on les met sur un plateau et on les laisse moisir.

— Moisir!

— Oui, Père, moisir. C'est ainsi. Au bout de quatre ou cinq jours, on râcle la moisissure, on fait sécher les haricots et on les lave, puis on les met dans l'eau salée, exposée au soleil pendant quinze jours; on fait ensuite bouillir, on y met de l'anis et on passe à travers un tamis : et c'est bon à servir. »

Quelle cuisine, mon Dieu! quelle cuisine! pensais-je. Mais c'est tout de même élevé, chez eux, à la hauteur d'une institution, d'un art, et ils peuvent avoir leur Vatel tout comme les autres.

J'aurais pu encore demander des explications sur le célèbre *teou-fou,* ce fromage de haricot que l'on prépare dans toutes les familles et qui est sur toutes les tables, surtout sur celles des aubergistes, dont il est la suprême ressource. Je m'arrêtai et priai Nien-Se de venir quelquefois causer avec moi.

Le lendemain elle vint me souhaiter le bonjour.

« Nien-Se, j'admire toujours ton activité.

— C'est que, Père, je ne saurais pas me reposer; j'ai été habituée autrefois à une vie dure, vois-tu!

— Conte-moi donc ta vie, vieille mère.

— Oh! ça n'est pas que ça soit long ni bien intéressant pour personne.

— Mais si, mais si! ça l'est beaucoup pour moi, et tu me rendrais service en m'initiant aux coutumes de l'empire du Milieu.

— Ce ne sera donc que pour cette raison que je parlerai

de ma chétive personne. Sais-tu, Père, que j'ai été païenne dans le temps ?

— J'ai entendu dire quelque chose comme cela.

— Mon père s'appelait *Tchang-kouang-lin,* et n'était qu'un fermier comme les Tcheou d'ici ; quand j'eus seize ans il voulut me marier. Tu sais qu'autrefois une fille pouvait être promise en mariage même avant d'être née. Plût au Ciel qu'il en eût été ainsi pour moi ! J'aurais au moins connu mon mari et il m'aurait connue. Mais non ! nous ne devions pas nous connaître, *Nien-tchen-siou* et moi ; jamais nous ne devions nous connaître.

« Pour mon mariage les six rites principaux furent observés :

« Le premier consiste à convenir du mariage ;

« Le second, à demander le nom de la fille, le mois et le jour de sa naissance ;

« Le troisième, à consulter les devins ;

« Le quatrième, à s'offrir mutuellement des présents ;

« Le cinquième, à proposer le jour des noces ;

« Le sixième, à aller au-devant de l'épouse pour l'amener dans la maison de son mari.

« Les intermédiaires (*tchong-jen*) arrangèrent tout à souhait. Mon père répondit au père Nien :

« Tu estimes une pauvre et froide famille plus qu'elle ne mérite. Ma fille est grossière et sans esprit, et je n'ai pas eu le talent de la bien élever. »

« Quand il eut reçu les présents, il dit encore :

« J'ai reçu ta dernière résolution. Tu veux que les noces se fassent ; je suis fâché que ma fille ait si peu de mérite ; je crains qu'elle ne soit bonne à rien. »

« Ah ! si les Nien l'avaient seulement pris au mot !

« Donc, je sortis de chez mon père dans la magnifique chaise rouge, je fis en entrant dans la maison de mon fiancé les trois génuflexions aux quatre points cardinaux et, la tête couverte, j'arrivai dans la salle des hôtes en présence de mon mari et de mes beaux-parents. On nous fit boire du vin à Nien-tchen-siou et à moi, on réunit nos mains et on plaça dessus un coq en sucre, en nous souhaitant le bonheur pour dix mille ans (*ouan-nien*).

« Après eut lieu la cérémonie des salutations aux parents,

qui faisaient semblant de s'agenouiller devant nous, mais nous courions à eux pour les empêcher de le faire en disant :

« *Pou-kan-tang! pou-kan-tang!* Je n'oserai jamais; je ne supporterai pas cette marque de déférence. »

« Le repas suivit, un grand repas. J'étais assise à table, mais je ne mangeai pas; il y avait plus de vingt-quatre heures que je n'avais rien pris. Deux femmes me soutenaient à droite et à gauche. Quand on eut bien mangé, bien bu, on me conduisit dans la chambre nuptiale, et, assise sur le lit, je reçus les compliments de tous les parents et amis. Tout le trousseau était là, autour de moi, éparpillé dans la pièce : les malles rouges contenant les habits de chaque saison, les deux chandeliers d'étain, les deux tasses de porcelaine, la cuvette de cuivre et la théière.

« Je ne voyais rien de tout ce qui était là ; mais je les entendais faire leurs réflexions, le plus souvent d'outrageantes réflexions :

« Voyez ses pieds !... Elle a la *tête verte* (elle est jeune), etc., etc. »

« Enfin, ils partirent, et mon voile épais fut relevé par un dernier personnage qui était demeuré là : mon mari, Nien-Tchen-Siou. Nous nous voyions pour la première fois.

« J'attendais en tremblant des pieds à la tête. Il me regarda, et je vis aussitôt que je ne lui plaisais pas. Je crois, Père, que je n'avais pas le genre de beauté qu'on admire chez nous, je ressemblais plutôt à une fille de ton pays, des contrées occidentales, dont j'ai vu les traits sur les images de sainteté...

— Pauvre Nien-Se !

— Alors il me repoussa rudement et j'allai tomber au milieu du trousseau, me heurtant la figure aux angles rudes des malles carrées. Lui s'en alla boire du vin chaud au marché.

« Quelle vie fut la mienne dès lors, *nga-ia !*

« — La femme n'est qu'une servante, me répétait sans cesse mon mari; elle doit obéir et pourvoir respectueusement aux besoins du père et de la mère de son époux. »

« Pendant que les hommes trônaient au salon ou à la salle à manger, en se régalant, assise sur mes talons, dans un coin de la cuisine ou sur le haut du perron, j'avalais une mauvaise tasse de thé et un méchant bol de riz avec quelques herbes grossières...

« Par malheur je n'eus pas d'enfants ; alors Nien-Tchen-Siou m'injuriait constamment.

« — *Keou,* chienne! *ouan-pa-tan,* œuf de tortue ! » criait-il. Pour finir, il me battait horriblement.

— Quel monstre !

— Oh ! il avait fait, comme nous disons, *passer sa conscience derrière ses épaules*... Je m'évertuais à être bonne et pleine d'attentions pour mes beaux-parents; mais combien, eux aussi, étaient durs et d'humeur acariâtre à mon endroit! Ils allaient jusqu'à me refuser les vêtements et les choses les plus nécessaires. Cela marcha ainsi quinze ans, Père ! Un soir que mon mari était ivre et m'avait battue plus fort que d'ordinaire, il me conduisit hors de la maison et me condamna à passer la nuit dans un petit réduit situé au milieu des champs, à quelque distance de là. En compagnie de deux ou trois de ses amis il vint m'attacher à un anneau de fer scellé dans la muraille et me lia solidement les pieds et les mains pour que je ne pusse m'enfuir. Je n'avais pour tout lit que le sol nu, la terre battue. Il faisait un froid glacial ; un brouillard épais pesait sur les rizières ; j'avais peur de tout, des gens, des bêtes, des dragons et des serpents ; je pleurai longtemps, longtemps,... absolument désespérée.

« Tout à coup, vers une heure du matin, j'aperçois une grande lueur, je tourne la tête du côté de notre maison et je vois des flammes qui léchaient les murailles et la toiture ; terrifiée, je me mets à crier comme une folle... On avait aussi du marché voisin aperçu l'incendie et on accourait au secours de la ferme avec les instruments usités en pareil cas.

« Impossible de pénétrer dans la maison, qui brûlait comme une botte de paille. Les pompiers disposèrent leur cuve ronde, les bambous s'emmanchant les uns dans les autres et la douzaine de seaux destinés à puiser de l'eau à la rizière. Mais le Père a peut-être vu comment ces pompes fonctionnent ?

— Du tout...

— Eh bien, lorsque la cuve est pleine d'eau, on place dessus un couvercle percé de trois trous ; l'un d'eux est destiné à recevoir le tuyau de bambou d'arrosage, les deux autres des leviers dont le bout est entouré d'un tampon de toile, et on manœuvre tant bien que mal ces leviers. Ici on eut beau se démener, tout flambait et fut consumé en quelques heures. On retrouva les cadavres de mon mari, de mes beaux-parents et de deux de mes beaux-frères au milieu des décombres. Comment le feu avait-il pris ? On ne le sut jamais. Pendant ce temps-là mes cris avaient attiré l'attention ; on vint me délivrer. On ne put me soupçonner : j'étais attachée trop fortement, et du reste un autre beau-frère, absent de la maison au moment de l'incendie et ceux qui avaient vu mon mari me conduire dans ma prison témoignèrent en ma faveur. Je suis venue après vivre avec ma sœur, qui tout récemment s'était faite chrétienne, et je l'ai bientôt imitée. J'ai ainsi trouvé le ciel sur la terre, après avoir traversé l'enfer.

— Oh ! la pauvre femme ! m'écriai-je ; mais avec quelles ressources peux-tu vivre maintenant? Ton beau-frère a naturellement hérité de ton mari...

— Voici : quand je dus *passer la porte,* c'est-à-dire me marier, mon père, qui m'aimait encore un tant soit peu, avait été retirer une somme d'argent assez forte de la caisse d'une assurance dotale. Les filles n'ont aucun droit à l'héritage paternel, mais le papa, à la naissance d'une fille, va souvent déposer une somme d'argent quelque part ; il s'engage à ne pas retirer ces fonds avant le mariage de sa fille, et au bout de quinze ans le capital et les intérêts forment une petite fortune ; l'intérêt est de trente pour cent ici, et tu comprends ?

— Ah ! mais ce n'est pas sot, cela !

— De plus, souvent, pendant les absences de mon mari ou la nuit, j'ai fait marcher le fuseau et la navette et confectionné pas mal de pièces de toile qu'on vendait au marché et qui...

— Bien, bien ! tu m'intéresses énormément, Nien-Se, et je commence à voir que si les Chinoises sont malheureuses en ménage, elles sont joliment intelligentes ! A demain ! *Tien-chou-kiang-fou-ngy !* Que le Seigneur du ciel te bénisse ! »

FIN

TABLE

PORTRAITS JAUNES

SCÈNES DE LA VIE CHINOISE

26031. — Tours, impr. Mame.

OUVRAGES

DE LA MÊME COLLECTION

FORMAT GRAND IN-8° — 3e SÉRIE

CHAQUE OUVRAGE EST ORNÉ DE PLUSIEURS GRAVURES

AIMÉE ROBERT, par Mlle Marie Poitevin.
AVENTURES DE MADEMOISELLE AÏDA (LES), par Mlle Leschassier.
CHASSE ANECDOTIQUE (LA), par Pierre Bonnefont.
CHATELAINS DE COURTHENOY (LES), par Marguerite Levray.
CINQ VERTUS DE TANTE ZABETH (LES), par Aimé Giron.
CLAIRE D'ALVINIÈRES, par E. Pinson.
CLERGÉ SOUS LA TERREUR (LE), par François Bournand.
DÉLASSEMENTS INSTRUCTIFS, par Arthur Mangin; nouvelle édition, entièrement refondue et mise au courant des plus récentes découvertes de la science.
DENISE LAUGIER, par Marthe Bertin.
DETTE DES ROBERT (LA), par Mlle Marthe Lachèse.
DRAMES DE LA MER (LES), par Cinq-Étoiles.
ÉLISABETH, Épisode de la guerre franco-allemande, par Marie de Villemane.
ENFANTS BIEN ÉLEVÉS (LES), par Mme la comtesse de Ferry.
ENFANTS D'ADRIENNE (LES), par Mme de Paloff.
EN ROUTE POUR LA BAIE D'HUDSON, par M. Proulx, missionnaire dans le vicariat apostolique de Pontiac.
ENTRE BOHÉMIENS, par Mme la comtesse André de Beaumont.
ÉTUDES ET SOUVENIRS, par M. l'abbé Barbier.
FÉBRONIA, par l'abbé Stanislas Berthier.
FÊTE DES CERISES (LA), récit historique, par Delauney du Dézen.
FILS D'UN PAYSAN (LE), par François Mussat.
GRANDE DAME, Histoire véritable, adaptation de l'allemand par Delauney du Dézen.
GRENIER DE LA VIEILLE DAME (LE), par Mlle Louise Mussat.
HÉRITAGE DE TANTE MANON (L'), par Pierre Fiey.
HÉRITIÈRE DE PULCHÉRIE (L'), par Marie de Villemane.
HISTOIRE D'UN PREUX, par Mme Henri Langlois.
HISTOIRES INSTRUCTIVES, par M. de Chavannes.
INVENTIONS ET DÉCOUVERTES, ou les Curieuses origines, par E. Soulanges.
JALOUSE, ou la Conversion de Loulou, par A. Alhix.
JEUNES BRUTIONS ET VIEUX GROGNARDS, souvenirs du Prytanée de la Flèche, par Tony Lix.
JOURNAL D'UNE PENSIONNAIRE, par Mlle A. Alhix.
JUMEAUX DE MONTRÉAL (LES), épisode de la guerre du Canada, par Georges Bremond.
KARL ET TRINETTE, par Mme Louise de Bellaigue, née de Beauchesne.
MARGUERITE OU MARGOT? par Marie Leconte.
MUGUETTE L'INDIENNE, ou les Amis de la France au Canada, par Georges Bremond.
NOBLES CŒURS (LES), souvenirs historiques, par Mme Aricie Sauquet.
PÊCHE ANECDOTIQUE (LA), par Pierre Bonnefont.
PIÉTÉ FILIALE ET FRATERNELLE, par F. P. B.
PORTEFEUILLE D'UN VOYAGEUR (LE), par Bénédict-Henry Révoil.
PORTRAITS JAUNES, SCÈNES DE LA VIE CHINOISE, par M. l'abbé Lucien Vigneron.
QUARTERONNE (LA), par W. Herchenbach; traduit de l'allemand par Mlle Simons.
RÉCITS D'UN OFFICIER D'AFRIQUE, par le capitaine Blanc.
ROI D'UN JOUR (LE), Esquisse de la vie française au XVe siècle, par Florence Wilford traduit de l'anglais avec l'autorisation de l'auteur par J. de Clesles.
SIMPLICITÉ GRIMSEL, par Mlle Louise Mussat.
TROP FAIBLE, par Marthe Bertin.
VACANCES DE GABRIELLE (LES), par Marie Leconte.
VIEUX MAGISTER (LE), de Hauffmann, adaptation par Delauney du Dézen.
VOYAGE AU PAYS DE LA GRAMMAIRE, par P. V., ancien professeur.

www.ingramcontent.com/pod-product-compliance
Ingram Content Group UK Ltd.
Pitfield, Milton Keynes, MK11 3LW, UK
UKHW020603180726
13838UKWH00001B/407